Marina Friedt

Hunsrück

50 MIKROABENTEUER

ZUM ENTDECKEN UND GENIESSEN

360° medien

IMPRESSUM

Hunsrück

50 MIKROABENTEUER ZUM ENTDECKEN UND GENIESSEN

Marina Friedt

Nachtigallenweg 1 | 40822 Mettmann
360grad-medien.de

Redaktion und Lektorat: Christine Walter

Satz und Layout: Serpil Sevim-Haase

Gedruckt und gebunden:
LD Medienhaus GmbH & Co. KG | Feldbachacker 16 | 44149 Dortmund
www.ld-medienhaus.de

Bildnachweis: siehe Seite 256

ISBN: 978-3-96855-267-5
Hergestellt in Deutschland

360grad-medien.de

Marina Friedt

Hunsrück

50
MIKROABENTEUER

360° medien

Vorwort

Immer wenn ich über die Landschaften und Dörfer des Hunsrücks schaue, dann geht mir das Herz auf. Meine Heimat. Ich kam in Idar-Oberstein (wie Bruce Willis) auf die Welt, mein Vater in Kirn, meine Mutter wuchs in Sonnschied auf. Alle Orte liegen dicht beieinander. Auch Breitenthal („Bränel") liegt um die Ecke. Dort verbrachte ich meine ersten Lebensjahre.

Als ich zwei Jahre alt war, zog unsere Familie nach Neuwied am Rhein, aber wenn immer möglich, fuhren wir nach Bränel zurück. Schon als Kind konnte ich die Namen der Orte nach der A61-Abfahrt Emmelshausen herunterbeten: Gödenroth, Kastellaun, Kappel, Bärenbach, Sohren, Laufersweiler, Gösenroth, Rhaunen, Sulzbach und Oberhosenbach. Dann erschien endlich das Ortsschild Breitenthal. Kurz links an der alten Schule vorbei und wir waren an dem heute unter Denkmalschutz stehenden Hof meiner Großeltern.

Gern erinnere ich mich noch daran, wie uns unser Vater Anfang der 1970er-Jahre die beeindruckende Baustelle der A61 zeigte. Mit der Autobahn war die Zeit vorbei, in der wir uns über die Koblenzer Karthause auf die Hunsrückhöhenstraße schlängelten. Heute fährt man vom Rhein etwa 40 Kilometer bis Emmelshausen, um auf die alte Hunsrückhöhenstraße (B327) zu kommen. Oder man nimmt die Ausfahrt in Rheinböllen, um über die relativ neue B50 Richtung Flughafen Frankfurt-Hahn (in Lautzenhausen) weiter westwärts zu kommen. Nicht irritieren lassen, weil Frankfurt am Main 110 Kilometer entfernt liegt – so ist das bei den privatisierten Flughäfen. Und bitte: Verzichten Sie auf Überholmanöver in den vielen unübersichtlichen Kurven der B50, hier gibt es allzu oft Unfälle – auch durch Geisterfahrer.

Bis die Höfe meiner verstorbenen Großtante in „Weyre" (Weiden) und Großmutter in Bränel vor ein paar Jahren verkauft wurden, besuchte ich von Hamburg aus regelmäßig den Hunsrück – fast fünf Jahrzehnte lang. Unsere Trauung und die Taufe (= Traufe) feierten wir in der kleinen Dorfkirche in Weiden. Auf der Wildenburg tanzten wir dann bis in den frühen Morgen.

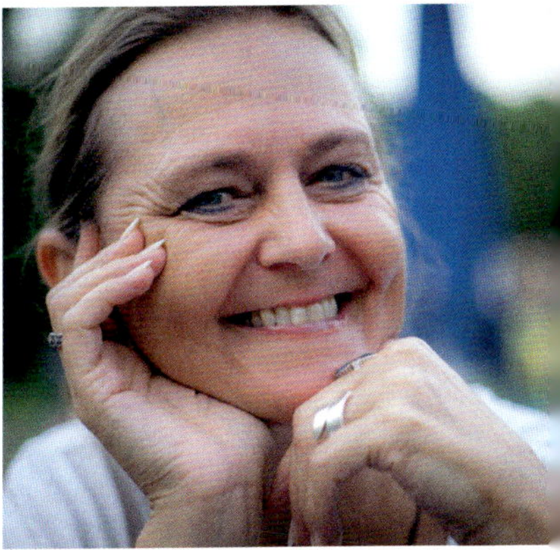

Einen Tag nach der Beerdigung meiner Großmutter 2013 eröffnete Filmemacher Edgar Reitz das Café Heimat in Morbach. Ich konnte ihn damals interviewen. Das Café gibt es noch heute und es ist ein beliebter Treffpunkt für alle Film- und Hunsrück-Fans.

Für die 50 Mikroabenteuer in diesem Buch war ich in meiner Heimat erstmals als touristische Journalistin unterwegs. Dabei lernte ich viele beeindruckende Menschen und Orte kennen, deren Geschichten Sie nun in diesem Reisebuch finden. Ebenso wie viele Empfehlungen und Tipps für Besuche, Wanderungen und außergewöhnliche Wohlfühlmomente. Übrigens, die Abgeschiedenheit und Unerreichbarkeit für Zeit zum Abtauchen und Seele baumeln lassen, die den Hunsrück so attraktiv machen, hat auch ihre Tücken: Oft besteht flächendeckend kein Netzzugang. Also laden Sie sich alles, was Sie für die Tour brauchen, am besten vorab herunter.

Egal, ob Sie aus der Region stammen oder zu Besuch im Hunsrück sind – ich hoffe, Sie entdecken wundervolle Heimat-Momente und Ihnen geht das Herz für den Hunsrück ebenso auf wie mir.

Mit den besten Wünschen für eine inspirierende Lektüre
Marina Friedt

Inhaltsverzeichnis

Tipp: Die ARGO-App – eine Entwicklung der Universität Trier in Kooperation der Länder Rheinpfalz und Luxemburg – ermöglicht die archäologische Vergangenheit von Gebäuden und Orten in Bildern wiederaufleben zu lassen. Die Augmented Archaeology einfach herunterladen und staunen: *ar-route.eu*

Hinweis: In den Monaten vor der Veröffentlichung dieses Buchs mussten Lokale und Besucherattraktionen immer wieder aufgrund der Corona-Pandemie ihre Öffnungszeiten einschränken oder zeitweise komplett schließen. Die in diesem Band angegeben Öffnungszeiten wurden gewissenhaft nach dem letzten bekannten Stand recherchiert – mit weiteren Änderungen ist jedoch nach der Pandemie zu rechnen, weshalb wir Lesern empfehlen, während des Aufenthalts im Hunsrück Öffnungszeiten anhand der hier aufgeführten Internetseiten selbst zu überprüfen.

Willkommen im Hunsrück

Buchenwälder, hügelige Gebirge, Moore und dazwischen jede Menge kleinteiliger landwirtschaftlicher Flächen – der Hunsrück hatte schon immer ein ganz besonderes Flair. Aber er galt auch lange als bettelarm, was die großen Auswanderungswellen Anfang des 19. Jahrhunderts belegen. Eine Region mit schlechten Bodenpunkten für die Landwirtschaft und wenig Entwicklungspotenzial. Große industrielle Ansiedlungen sucht man hier vergebens. Was heute fast ein Glück ist, denn die ländliche Region überzeugt durch ihre hohe Biodiversität und ist bei Outdoorfans wegen ihres hohen Freizeitwerts beliebt.

Durch das frühere Realerbteilungsrecht sind die landwirtschaftlichen Strukturen hier kleinteilig geblieben und tragen, räumlich gesehen, heute maßgeblich zu der beschaulichen Vielfalt bei, die in Deutschland fast einzigartig ist. Das bunte Nebeneinander von Wäldern, Feldern und Dörfern in sanften Hügeln prägt die Landschaft. Durch die bis heute noch weit verbreitete Drei- oder Vierfelderwirtschaft erfreuen sich Touristen wie Einheimische je nach Jahreszeit an knallgelben Raps- und lilafarbenen Phaceliafeldern sowie satten Ackerflächen zwischen saftigen Wiesen, mäandrierenden Bächen und alten Wäldern. In den kleinen Dörfern bestimmen pittoreske Fachwerkhäuser mit dunklen Schieferplatten und spitze Kirchtürme das Bild. In den geschützten Regionen sind seltene Tiere und Pflanzen wie Wildkatzen und Orchideen beheimatet.

Die Kleinteiligkeit der Region spiegelt sich auch in den Kfz-Kennzeichen wider, die einem begegnen wie BIR im Süden für die Kreisstadt Birkenfeld; im Raum der Simmerner Mulde dominiert das Kennzeichen SIM. Richtung Nahe wird das Klima nicht nur wärmer, auch die Dächer sehen etwas anders aus – wegen der hier vermehrt genutzten Ziegelsteine sind sie nicht schwarz, sondern rot gefärbt. Die Kennzeichen lauten hier KH für Bad Kreuznach.

Aber die größte Stadt der Region ist das für seine Edelstein- und Diamantenbörse bekannte Idar-Oberstein (BIR) mit knapp über 30.000 Einwohnern. Der bekannteste Sohn der Stadt ist der Filmschauspieler Bruce Willis, der hier als Sohn eines US-Soldaten und einer Deutschen am 19. März 1955 zur Welt kam.

Geografisch betrachtet ist der Hunsrück ein Mittelgebirge südwestlich der ehemaligen Bundeshauptstadt Bonn. Als südwestlicher Teil des Rheinischen Schiefergebirges, zu dem auch Westerwald, Taunus und Eifel zählen, gehört er zu den älteren Gebirgen Deutschlands, die überwiegend aus dem Devon stammen und sich variszisch, sprich von Südwesten nach Nordosten, ausfalteten.

Auf der Traumschleife Börfinker Ochsentour

Der Name Hunsrück oder „Hunsbuckel", wie Einheimische die Region nennen, geht vermutlich auf „hoher Bergrücken" oder „Hunderücken" zurück. Zwar gibt es mehrere Thesen zur Namensherkunft. Am überzeugendsten ist jedoch, dass sich der Begriff aus dem althochdeutschen Begriff „Hohun", der für Hoher Bergrücken steht, entwickelt hat. Später sind auch Schreibweisen in Richtung Hunderücken dokumentiert wie Dorsum canis (lateinisch, 1320) oder Cyonotus (griechisch, 15. Jahrhundert), das klingt aufgrund der geografischen Form und Krümmung des Bergzugs ebenfalls plausibel.

In Anlehnung an den Höhenzug wird die Region Hunsrück grob von der Mosel im Norden, dem Rhein im Westen, der Nahe im Süden und der Saar im Osten begrenzt. Schon in der Schule lernen die Kinder den Spruchreim: „Mosel, Nahe, Saar und Rhein schließen unseren Hunsrück ein."

Seine Ausdehnung von Südwest nach Nordost umfasst etwa 100 Kilometer, in der Breite ist sie viel schmaler. Im Kernbereich liegt das Mittelgebirge auf einer Höhe von 400 bis 500 Meter. Seine höchsten Erhebungen sind der Erbeskopf mit 816 und der Idarkopf mit 766 Metern über dem Meeresspiegel, also ein eher weiches und sanftes Mittelgebirgsrelief und damit optimal für entspannte Touren für jede Altersklasse und stets mit phänomenalen Panoramablicken. Die Talränder an Mosel, Rhein und Nahe können allerdings durchaus steil verlaufen, während sie an der Saar sehr gemäßigt sind.

Die Wildenburg

Der größte Teil der Region liegt im reich bewaldeten Rheinland-Pfalz, wobei ein geringer Teil auch noch ins Saarland hinüberreicht. Bei etwa 100.000 Einwohnern und Einwohnerinnen in 137 Gemeinden des Rhein-Hunsrück-Kreises kann das Gebiet als dünn besiedelt bezeichnet werden. In den meisten Dörfern leben weniger als 1000 Menschen. Auffällig sind die vielen alten Nussbäume und Linden am Straßenrand, hier und da steht auch noch ein ausrangierter Trecker vor der Tür. In der Regel gibt es neben einer Haupt-, einer Linden- und einer Schulstraße auch einen Sportplatz, auf dem größere Feste gefeiert werden, wie etwa die „Leckschmierkirb" Anfang Oktober.

Einst verband eine römische Militärstraße über den Hunsrück Bingen am Rhein im Osten mit der ältesten deutschen Stadt Trier im Westen. Die sogenannte Ausoniusstraße ist heute ein beliebter, etwa 120 Kilometer langer Wanderweg, der heute als Hunsrücker Jakobsweg vom Hunsrück-Verein betreut wird. In der NS-Zeit wurde die Hunsrückhöhenstraße von Koblenz nach Saarburg als westliche Militärstraße Richtung Frankreich gebaut, die heute noch die maßgebliche Verbindungsstraße über die Höhen ist.

Die bekanntesten Dichter, die sich mit der Hunsrücker Mundart beschäftigten, sind Peter Joseph Rottmann (1799 bis 1881 aus Simmern) und Dr. Armin Peter Faust (geboren 1943 in Weiden), der seine Kenntnisse freundlicherweise im Kapitel „Das kleine Wörterbuch" eingebracht hat. Prominente Frauen des Hunsrücks sind Hildegard von Bingen, Elisabeth und Loretta von Sponheim und die Räuberbraut des Schinderhannes, das Julchen, der erst kürzlich ein eigenes Musical gewidmet wurde.

Bemerkenswert ist die Entwicklung der Familie von Johann Michael Stumm im 18. Jahrhundert aus Sulzbach zu einer Orgelbauer- und Eisenhüttendynastie. Inzwischen zählen sowohl der Stummsche Orgelbau als auch die Neunkirchner Eisenhütte an der Saar zum UNESCO-Kulturerbe. Ihre Geschichte kann auf sogenannten „Traumschleifen" nachempfunden werden.

Weltweite Bekanntheit erlangte der Hunsrück durch die „Heimat"-Filmtrilogie (ab 1984) des gebürtigen Morbachers Edgar Reitz und „Die andere Heimat" (2013). Wie im Film dokumentiert, scheint heute noch vielerorts in den kleinen, aufgeräumten Dörfern, die ihre Traditionen pflegen wie das Läuten der Kirchenglocken, die Zeit stehengeblieben zu sein. Auch heute noch läuten die Glocken nach alter Sitte nicht nur zu den Kirchgängen, sondern ebenso zu den Aufsteh-, Bett- und Mahlzeiten und bieten den Menschen heute wie früher eine Orientierung.

Während früher der Abbau von Erzen, Schiefer und Edelsteinen eine Rolle spielte, sind heute erneuerbare Energien und Tourismus wichtige Wirtschaftszweige. Auch die Umwidmung weiter Bereiche zu Natur- und Nationalparks ist zukunftsorientiert. Viele junge Familien bevorzugen das Leben auf dem Land und starten nachhaltige Projekte.

Einige von diesen Geschichten können und werden Sie in diesem Reisebuch kennenlernen – und vergessen Sie nicht, den grandiosen Milchstraßenhimmel zu genießen.

Top 10

DER SEHENSWÜRDIGKEITEN IM HUNSRÜCK

1 **Nationalpark Hunsrück-Hochwald:** Willkommen in einer faszinierenden Wildnis: dem Nationalpark Hunsrück-Hochwald, aktuell der noch jüngste der 16 Nationalparks in Deutschland. Erst seit 2015 steht das Gebiet rund um den Erbeskopf, dem höchsten Berg westlich des Rheins, wegen seiner hohen Biodiversität unter diesem besonderen Naturschutz. Besucherinnen und Besucher genießen auf Premiumwanderwegen unberührte Natur. Ob zu Fuß oder auf dem Rad, ob allein, in der Gruppe oder in Begleitung von erfahrenen Rangern ist hier für jede Vorliebe das Richtige dabei, um die waldreiche Gegend sicher und mit den schönsten Naturerlebnissen zu erkunden; *nationale-naturlandschaften.de/gebiete/nationalpark-hunsrueck-hochwald*

2 **Die Geierlay:** Die Hängeseilbrücke über dem Morsbach hat seit ihrer Eröffnung schon Tausende von Füßen getragen. Der Ausflug über die 360 Meter lange Konstruktion in 100 Meter Höhe ist definitiv nur etwas für Schwindelfreie. Ganz neu gibt es auch einen Geierlay-Radrundweg, 35 Kilometer von Kastellaun aus. Über die Brücke kann das Rad einfach geschoben werden; *geierlay.de*

3 **Idar-Oberstein:** Idar-Oberstein ist ein echtes Schmuckstück unter den deutschen Städten. Weltweit bekannt für seine Edelsteine und Mineralien. Weithin sichtbar ist das Wahrzeichen der Stadt an der Nahe: die sagenumwobene, in den blanken Fels gehauene Felsenkirche. Direkt darunter liegt das Deutsche Mineralienmuseum mit einer detailgetreu wiederaufgebauten historischen Wasserradschleiferei für die Bearbeitung von Achaten; *edelsteinland.de/sehenswert/idar-oberstein/index.html*

4 **Malerisches Herrstein:** Wie ein Ausflug ins Mittelalter mutet der Besuch im malerischen Herrstein an: verwinkelte Gässchen mit Kopfsteinpflaster, reichlich verzierte Fachwerkhäuser mit Schieferdächern und alte Haustüren, die aussehen, als kämen sie direkt aus der Kunsttischlerei. Der kleine Ort pflegt seine besondere Schönheit. Hier und da laden Bänke zum Plausch mit Nachbarn („Maje") ein – mit üppig bepflanzten Blumenkästen auf den Fensterbänken und munter zwitschernden Spatzen als Kulisse. Unbedingt besuchen: den alten Uhrturm in der Stadtmauer, den Hankel-Brunnen, den Schinderhannesturm und die Treppen, die zum Mittelalter-Traumpfad führen. Eine Idylle zum Entschleunigen! *herrstein.de*

5 **Burgruine Baldenau:** Unverwüstliches Wahrzeichen und Kulturort: Die einzige Wasserburg im Hunsrück ist mit ihrem dominanten Turm ziemlich gigantisch für den beschaulichen Hunsrück. 1320 von Kurfürst und Erzbischof von Trier Balduin erbaut, überlebte sie den Dreißigjährigen Krieg, wurde jedoch von den französischen Truppen des Sonnenkönigs Ludwig XIV. um 1689 zur unbewohnbaren Ruine zerstört. Sie liegt bei Hundheim und ist Teil der Traumschleife „LandZeitTour" des Saar-Hunsrück-Steigs. Schautafeln skizzieren wichtige Etappen ihrer Geschichte von der Römerzeit bis zur Gegenwart; *morbach.de/feiern-entdecken/sehenswertes/burgruine-baldenau*

6 **Die Schmidtburg:** Die größte Burganlage im Nahe-Hunsrück-Raum und zugleich älteste Burg Deutschlands liegt über dem Hahnenbachtal bei Schneppenbach. Sie ist von drei Seiten von Wasser umgeben und war um 1800 eine legendäre Räuberhochburg. Hier verschanzte sich der berühmt-berüchtigte Schinderhannes mit seinen Kumpanen, um sich von seinen Raubzügen zu erholen. Die Schmidtburg ist über die Traumschleife „Hahnenbachtaltour" zu erreichen, dem seit 2012 „schönsten Wanderweg Deutschlands"; *burgen.de/burgen-und-schloesser/deutschland/schmidtburg*

7 **Der Waldsee in Argenthal:** Erfrischend anders: Wenn es im Hunsrück etwas zu vermissen gibt, dann sind es Orte zum Schwimmen und Baden – nur wenige Seen oder Teiche eignen sich. Wie gut, dass es den Waldsee in Argenthal gibt, der von einer ehemaligen Erzgrube zum Biotop entwickelt wurde und heute als der schönste naturbelassene Badesee im Vorderhunsrück gilt. Hier nach einem langen Wandertag oder einer Radtour ins Wasser zu springen und ein paar Schwimmzüge ans andere Ufer zu machen, ist eine echte Erholung und noch dazu erfrischend anders. Auch der nahe gelegene Campingplatz gilt als ein Geheimtipp; *badeseen.rlp-umwelt.de/servlet/is/1119*

8 **Nahe-Skywalk:** Nervenkitzel garantiert der 2015 eingeweihte Nahe-Skywalk. Die stählerne Aussichtsplattform ragt sieben Meter über die Klippe eines früheren Steinbruchs und bietet einen atemberaubenden Blick über das Nahetal. Die Attraktion im beschaulichen Ortsteil St. Johannisberg in Hochstetten-Dhaun ist ganzjährig geöffnet, nur bei Blitz und Donner nicht. Schon der 200 Meter lange Weg vom Parkplatz entlang alter Häuser aus dem 18. Jahrhundert ist ein Erlebnis. Höhenempfindliche starten den „Himmelsspaziergang" erst noch gut geschützt, weil die Bodengitter über die ersten Meter noch relativ blickdicht sind. Ein mulmiges Gefühl stellt sich erst ein, wenn die Abstände der Gitter weiter werden und der Blick in die Tiefe fällt; *outdooractive.com/de/poi/nahe/nahe-skywalk/13366530/*

9 **Das Baybachtal- und Baybachklamm:** Es gibt über dem Hunsrück 111 zauberhafte Wanderwege auf Traumschleifen zu magischen Orten mit atemberaubenden Ausblicken. Bei dieser Auswahl fällt die Entscheidung schwer: Welche ist die schönste Traumschleife im Land? Viele empfehlen die Tour durch die Baybachtalklamm – nostalgisch übertrieben auch als „Grand Canyon des Hunsrücks" bezeichnet. Wanderlustige können hier sogar zwischen mehreren Premium-Traumschleifen durch das bewaldete Tal und auf den umliegenden Höhen wählen.

Am besten ist es aber, nach und nach alle Touren mitzunehmen, weil jeder Weg eine neue Perspektive auf die eindrucksvolle Natur bietet; *saar-hunsrueck-steig.de/traumschleifen/baybachklamm*

10 **Hunsrückbahn in Emmelshausen:** Die ehemals steilste Zahnradtour nördlich der Alpen fährt zwischen Boppard am Rhein und Emmelshausen auf dem Hunsrück. Besonders beeindruckend ist die Fahrt über zwei hohe Viadukte und durch fünf Tunnel. Auf dem sich durch die Landschaft schlängelnden Gleis überwindet die Bahn Höhenunterschiede von 336 Metern – und damit einen für eine Eisenbahn durchaus eindrucksvollen Steigungsgrad von sechs Prozent. Während die moderne Bahn die steile Strecke überwindet, genießen die Fahrgäste den Blick auf die atemberaubende Landschaft des Mittelrheintals und des Hunsrücks. Wer's sportlicher mag, kann sich die Strecke nach dem Motto „Hoch hinaus, bequem bergab" auch erwandern; *hunsrueckbahn.de*

Kulinarisches

AUS DEM HUNSRÜCK

Eines direkt vorab: Mit ihren deftigen Hunsrücker Gerichten sind die meisten Wirtsstuben und Restaurants der Gegend nicht gerade eine Hochburg für Vegetarier, ebenso wenig wie Brasilien oder Argentinien. Auf den Speisekarten überwiegen deftige Fleischgerichte, vor allem mit „Krumbiere" (Kartoffeln). Vegetarisches läuft eher unter ferner liefen. Auch wahre Gourmet-Tempel sind nach dem Aus von TV-Sterne-Koch Johann Lafers auf dem Stromberg eher dünn gesät. Doch wer auf deftige Hausmannskost setzt und ordentlich Hunger und Appetit mitbringt, ist hier genau richtig.

Diese Bezeichnungen traditioneller kulinarischer Gerichte dürften Ihnen im Hunsrück beim Einkaufen, im Restaurant oder auf einer Kirmes, der „Kerb", öfter begegnen:

✓ **Spießbrore** bezeichnet einen Spieß- bzw. eigentlich Schwenkbraten, 250 Gramm Schweinekamm eingelegt in Zwiebeln, Salz und Pfeffer. Man sagt, dass dieses Gericht ursprünglich aus Brasilien stammt, das die Nachkommen der Auswanderer zurück in die Heimat importierten.

✓ **Gefillte Klees** sind gefüllte Kartoffelklöße (halb und halb) mit „Finsel" (Füllung) aus Hackfleisch, Bauchspeck, Lauch, Brötchen und Ei – früher ein typisches Resteessen. Dazu werden „Gettschieder Briiee" (Göttschieder Brühe) und eingelegtes Obst wie Mirabellen oder Birnen serviert – Kritiker meinen, das Gericht sei aus dem Saarland.

✓ **Leckschmier** steht für einen süßen Brotaufstrich aus frisch geernteten Zwetschgen, die in gewaltigen Mengen zu einer „Schmiere" (Marmelade) eingekocht werden. Dafür wurde früher ein riesiger Kupferkessel über einem offenen Feuer erhitzt. Da die Masse, um nicht anzubrennen, die ganze Nacht gerührt werden musste, war dies eine Dorfgemeinschaftsarbeit. Neben dem Rühren musste auch ständig Holz nachgelegt werden. Anschließend wurde die gemeinsame Arbeit mit einer Leckschmierkirb gefeiert.

✓ **Stubbi** nennt man im Hunsrück das traditionelle Kirner Bier. Frisch gezapft oder in der beliebten 0,33 Literflasche, dem sogenannten Stubbi. Die Kirner Familie Andres startete 1798 mit dem Brauen des würzigen Bieres aus Gerste. Der Hopfen stammte aus Lothringen.

✓ **Wasserweck,** das ist ein doppelt gebackenes, kugelrundes Brötchen aus Weizenmehl und Hefe mit einer knusprigen Kruste, die beim Reinbeißen absplittert. Achtung: Krümelalarm. Schmecken hervorragend mit Hausmacherwurst oder eben zu Schwenkbraten.

✓ **Pitzeln:** Wer im Hunsrück zu spät auf einer Feier erscheint, wird von der Runde herzlich aufgefordert, trotzdem etwas zu essen. Abwehrend erwidert er, er wolle nur ein bisschen pitzeln, weil er schon zu Hause gegessen habe. Als er fertig ist, kommentiert einer aus der Runde: „Nächstens pitzelst dau dehem und isst eloh" – das nächste Mal pitzelst du zu Hause und isst hier!

✓ **Zum Thema Essen** werden die Saarländer von den Hunsrückern übrigens gern auf die Frage, ob es geschmeckt habe, mit lästerndem Lob zitiert: „Et war mol ebben aneres." (Es war mal was anderes).

✓ **Für Vegetarier:** Mittlerweile werden auf der Website *love-veggie.com/vegetarisch-vegan-essen-gehen/hunsrück* zehn vegetarische Restaurants im Hunsrück verzeichnet.

Die Rabenkanzel

SCHWEDEN
DÄNEMARK
Ostsee
Nordsee
Kiel
SCHLESWIG-HOLSTEIN
MECKLENBURG-VORPOMMERN
HAMBURG
Schwerin
BREMEN
BRANDENBURG
POLEN
NIEDERSACHSEN
BERLIN
Hannover
Potsdam
Magdeburg
NORDRHEIN-WESTFALEN
SACHSEN-ANHALT
Düsseldorf
SACHSEN
Dresden
Erfurt
THÜRINGEN
HESSEN
RHEINLAND-PFALZ
Wiesbaden
Mainz
TSCHECHIEN
SAARLAND
BAYERN
Stuttgart
FRANKREICH
BADEN-WÜRTTEMBERG
München
ÖSTERREICH
SCHWEIZ

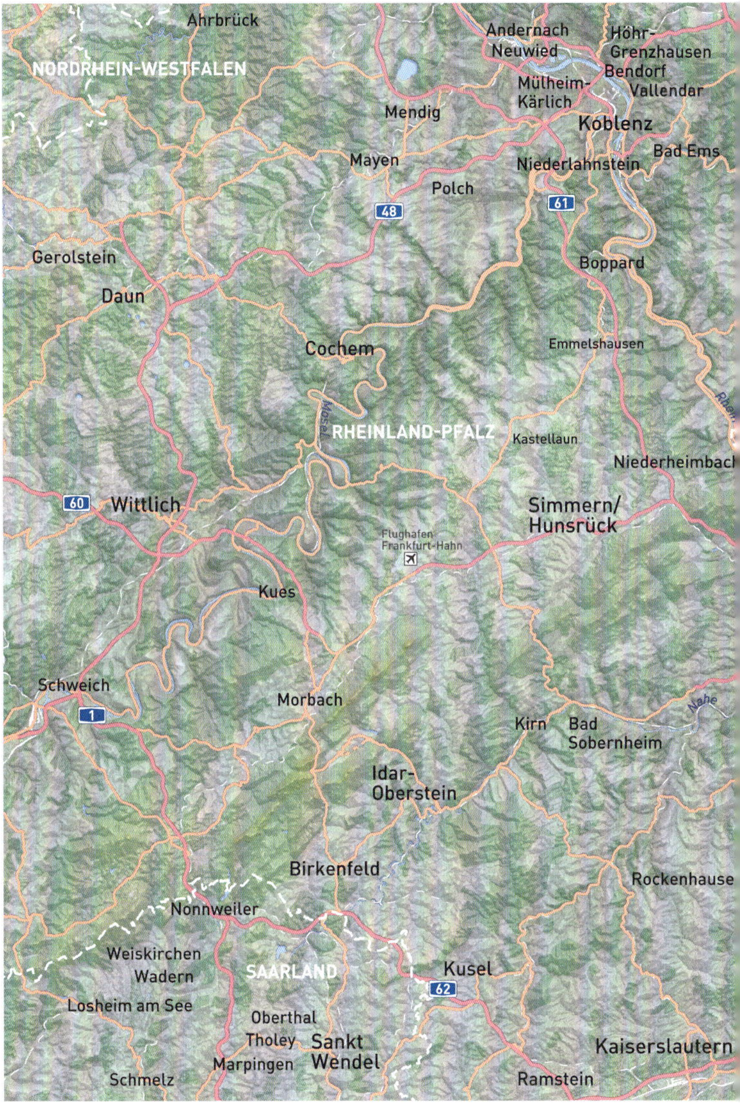
Ahrbrück
NORDRHEIN-WESTFALEN
Andernach
Neuwied
Höhr-
Grenzhausen
Bendorf
Mülheim-
Kärlich
Vallendar
Mendig
Koblenz
Bad Ems
Mayen
Niederlahnstein
Polch
48
61
Gerolstein
Boppard
Daun
Cochem
Emmelshausen
Mosel
RHEINLAND-PFALZ
Kastellaun
Niederheimbach
60
Wittlich
Simmern/
Hunsrück
Flughafen
Frankfurt-Hahn
Kues
Schweich
Morbach
Nahe
1
Kirn
Bad
Sobernheim
Idar-
Oberstein
Birkenfeld
Rockenhause
Nonnweiler
Weiskirchen
Wadern
SAARLAND
Kusel
62
Losheim am See
Oberthal
Tholey
Sankt
Wendel
Kaiserslautern
Marpingen
Schmelz
Ramstein

Hochwald und
Nationalpark
Hunsrück-Hochwald

Im Nationalpark Hunsrück-Hochwald

Hochwald und Nationalpark Hunsrück-Hochwald

1. Der Nationalpark Hunsrück-Hochwald: Premiumwandern durch unberührte Natur
2. Nationalpark-Tor Erbeskopf: Kunst auf dem höchsten Berg westlich des Rheins
3. Der Saar-Hunsrück-Steig: Wandern auf Traumschleifen und Traumschleifchen
4. Abentheuer im Nationalpark Hunsrück-Hochwald: Tischlein deck dich im Wald
5. Die Grimburg: hoch über den Höhen des Hunsrücks
6. Gedenkstätte KZ-Hinzert: kein Hass, aber kein Vergessen!
7. Flugausstellung Junior in Hermeskeil: Platz nehmen in der Concorde
8. Hundefreizeit in Thalfang: wo Mensch und Hund sich pudelwohl fühlen

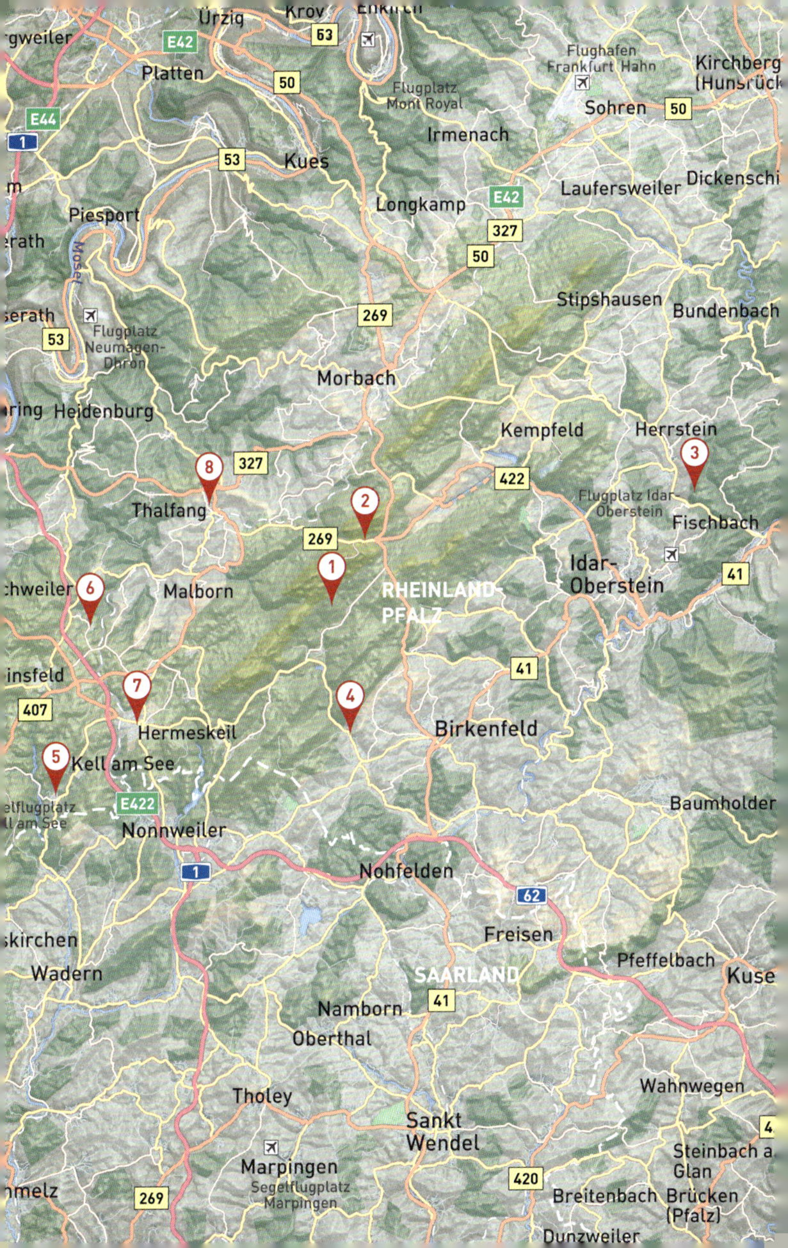

Ürzig
Kröv
Platten
Flughafen Frankfurt Hahn
Kirchberg (Hunsrück)
Flugplatz Mont Royal
Sohren
Irmenach
Kues
Longkamp
Laufersweiler
Piesport
Mosel
Stipshausen
Bundenbach
Flugplatz Neumagen-Dhron
Morbach
Heidenburg
Kempfeld
Herrstein
Thalfang
Flugplatz Idar-Oberstein
Fischbach
Idar-Oberstein
Malborn
RHEINLAND-PFALZ
Hermeskeil
Birkenfeld
Kell am See
Baumholder
Nonnweiler
Nohfelden
Freisen
Pfeffelbach
Wadern
SAARLAND
Namborn
Oberthal
Wahnwegen
Tholey
Sankt Wendel
Marpingen
Segelflugplatz Marpingen
Steinbach am Glan
Breitenbach
Brücken (Pfalz)
Dunzweiler
1
2
3
4
5
6
7
8

1 Der Nationalpark Hunsrück-Hochwald

PREMIUMWANDERN DURCH UNBERÜHRTE NATUR

Der Nationalpark Hunsrück-Hochwald war ein Meilenstein in Sachen Naturschutz auf dem Hunsrück. 2015 gründeten die Länder Rheinland-Pfalz und Saarland mit der Ausweisung dieser besonderen Schutzzone den ersten Nationalpark in der Region.

Wildkatze, Symbol des Nationalparks

Frauenhaarmoos im Moor

Mit der Nationalpark-App unterwegs

Der Nationalpark Hunsrück-Hochwald ist ein Hotspot der biologischen Vielfalt. Natur darf hier Natur sein. Alte Buchenwälder voll lebendigem Totholz, herausragende Felsenlandschaften, bizarre Rosselhalden, mystische Moore und leuchtende Arnikawiesen machen den Nationalpark so einzigartig. Seltene und störungsempfindliche Tier- und Pflanzenarten finden im Nationalpark beste Lebensbedingungen. Nicht nur Wildkatze, Schwarzspecht oder Schwarzstorch haben hier ihren Rückzugsort, sondern auch viele weitere Pflanzen und Tiere. Wer sich aufmerksam und ruhig auf den Wegen bewegt, bekommt vielleicht das ein oder andere Tier zu sehen. Pflanzen sind da ja nahbarer.

Ganz neu gibt es eine Nationalpark-App, die digitale Touren ins Nationalparkgebiet ermöglicht. Mit diesen vorher herunterladbaren Touren kann man den Ranger auf dem Smartphone mitnehmen, wie beispielsweise auf der „Keltentour“ am keltischen Ringwall, einer Befestigungsanlage aus dem 1. Jahrhundert v. Chr. in Otzenhausen, die schon Cäsars Truppen zum Staunen brachte.

Geografisch gesehen, liegt der Nationalpark im nordwestlichen Zipfel des Naturparks Saar-Hunsrück, etwa von Nonnweiler über den Erbeskopf im Norden bis zur Wildenburg. Die Nationalpark-Traumschleifen in dieser besonderen Schutzzone sind allesamt Premiumwanderwege. Den höchsten Punkt im Nationalpark markiert zugleich der höchste deutsche Berg westlich des Rheins, der Erbeskopf mit seinen 816 Metern.

Wanderlustige können wählen zwischen Halbtages- und Tagestouren wie den Nationalpark-Traumschleifen:

- Börfinker Ochsentour (9,4 Kilometer)
- Hubertusrunde (10,2 Kilometer)
- Trauntal-Höhenweg (13,8 Kilometer)
- Dollbergschleife (11,2 Kilometer)
- Kirschweiler-Festung (9,1 Kilometer)

Kulturhistorische Relikte von Kelten und Römern säumen den Nationalpark. Spektakulär ist der Keltische Ringwall aus dem 1. Jahrhundert v. Chr. in Otzenhausen. Er ist eine der eindrucksvollsten keltischen Befestigungsanlagen in Europa – zu erreichen über die Dollbergschleifen-Tour.

Über Stock und Stein auf dem Keltenring

Zertifizierte Nationalparkführer bieten gegen Entgelt an den Wochenenden (in der Regel sonntags um 14 Uhr) zwei- bis dreistündige sogenannte Erlebnistouren zu den besonderen Attraktionen im Nationalpark an. Während der Woche sind die „Rangertouren" sehr gefragt, die auch um

14 Uhr starten und kostenlos sind. Alle Angebote finden Sie unter: *nlphh.de/termine*

Und wenn Sie durch die Dörfer kommen, achten Sie mal auf die Ortsschilder: Einige Gemeinden heißen jetzt „Nationalparkgemeinde" und Idar-Oberstein nennt sich stolz „Nationalparkstadt".

Info

Lage: Keltischer Ringwall, Ringwallstraße 80, 66620 Nonnweiler

Anreise zum Keltenring: per Bus und Bahn: täglich vom Bahnhof Türkismühle mit der Buslinie R200

Aktivitäten: Für alle, die lieber ohne Begleitung durch die Natur streifen, gibt es jetzt die Nationalpark-Hunsrück-Hochwald-App:

- digitale Karte zum Orientieren und Starten: alle Nationalpark-Startpunkte und -Angebote vor Ort sowie Essen, Trinken oder Übernachten
- digitale Touren zum Vorladen und Mitnehmen: Die Ranger sind bei den Touren auf dem Smartphone immer mit dabei und informieren an vielen Stellen. Auch barrierefrei!
- App-Tour am Keltenpark: „Keltentour", etwa drei Kilometer, zweieinhalb bis drei Stunden, acht Stationen mit Videos, Quizfragen und vielen interessanten Fakten

Websites:

- *nationalpark-hunsrueck-hochwald.de*
- *youtube.com/nationalparkhunsrückhochwald*

HINWEIS: Das macht den Unterschied: Nationalparks sind vor allem dem Schutz der Natur gewidmet, während Naturparks vor allem dem Tourismus dienen und zum Wandern sowie zum Naturerleben einladen – die Anerkennung der jeweiligen Schutzräume sorgen so für die Erholung aller.

2 Nationalpark-Tor Erbeskopf

KUNST AUF DEM HÖCHSTEN BERG WESTLICH DES RHEINS

Der Erbeskopf ist mit 816 Metern die höchste Anhöhe des Hunsrücks, der höchste Berg von Rheinland-Pfalz und die höchste deutsche Erhebung westlich des Rheins – höher geht es nicht. Ob Sie in aller Ruhe beim Wandern das Rauschen der Bäume genießen oder mit Kind und Kegel Spaß haben wollen: Die Palette der Aktivitäten ist breit gefasst und immer einen Ausflug wert.

Bei Schnee laden drei Skipisten die Wintersportfans zu zwei Kilometern Abfahrt ein. Im Sommer lockt die 1300 Meter kurvige Rodelbahn dazu ein, mit bis zu 40 Kilometer in der Stunde den Berg hinunter zu sausen – ein besonderer Spaß für klein und groß. Und auch für Natur- und Kunstinteressierte eröffnen sich neue Perspektiven.

Zur Einstimmung in die Region empfiehlt sich der kostenlose Besuch des Nationalpark-Tor Erbeskopf (ehemaliges Hunsrück-haus). Mit der interaktiven Ausstellung „Willkommen im Urwald von morgen" (auch auf englisch) bietet sie einen optimalen Startpunkt für Ausflüge in die Umgebung – ob mit dem Rad oder zu Fuß. Die multimediale Ausstellung zeigt die faszinierende Welt des Nationalparks Hunsrück-Hochwald mit seinen Wäldern, Mooren und Landschaften. Ab 14 Uhr (täglich außer montags) kann bei einer „Gipfeltour" die Umgebung in Begleitung eines Rangers erkundet werden.

Multimediale Ausstellung ...

... im Nationalpark-Tor Erbeskopf

Apropos Gipfel: Die Krone setzte 2011 Bildhauer Christoph Mancke dem Gipfel auf. Er schuf eine 16,5 Meter hohe Skulptur aus Tonnen von Stahl und verpackte sie in ein Holzkleid, um in eindrucksvoller Weise das Zusammenspiel zwischen der Natur und den Elementen zu inszenieren. „Windklang", so der verheißungs-

Barrierefreier Zugang mit Aussicht

volle Name, ist laut dem Künstler ein abstraktes Zeichen im Raum, ist Landmarke, begehbarer Aussichtspunkt und Kunstobjekt in einem. Über einen hölzernen Steg gehen die Besucher bis zur Skulptur, durchschreiten sie und gelangen weiter bis zum Aussichtspunkt. Der Holzweg zur Klangskulptur ist übrigens auch barrierefrei erreichbar, und bei klarem Wetter reicht die Sicht bis zu den Vulkanbergen der Eifel, dem Schaumberg beim saarländischen Tholey und dem Donnersberg in der Pfalz.

Kunst auf dem Skulpturenweg

Rund um das Erbeskopf-Plateau präsentieren weitere sechs Künstler und Künstlerinnen aus der Großregion von der Natur und ihren Elementen inspirierte Skulpturen. Auf einem barrierearmen Spazierweg gilt es das Zusammenspiel von Kunst und Natur zu erleben. Warum der Erbeskopf übrigens so heißt, konnte ich nicht herausbekommen – vielleicht haben Sie eine Idee?

„Dialog"

Info

Lage und Anreise: Das Nationalpark-Tor Erbeskopf befindet sich am Fuß des Gipfels. Hier gibt es ausreichend Parkplätze und auch eine Buslinie verkehrt hierher vom Bahnhof Trier mit der 32. Neu für Radfans ist die Nationalparkroute, die per QR-Code geladen werden kann. Die Windklangskulptur steht oben auf dem Gipfel. Für Menschen mit Behinderung gibt es die Möglichkeit mit dem Pkw den asphaltierten bis zum Parkplatz (direkt neben dem militärischen Sperrgebiet) zu nehmen. Von hier sind es dann noch etwa 700 Meter bis zum barrierefreien Aussichtspunkt.

Aktivitäten: Die Nationalpark-Traumschleife „Gipfelrauschen" führt rund um den Erbeskopf durch die wilde Natur zum Gipfel; Strecke: etwa 7,5 Kilometer, Dauer: etwa drei Stunden.

Website: *nationalpark-hunsrueck-hochwald.de*

HINWEISE:

- Schwindelfreie und solche, die daran arbeiten, können im nahe gelegenen Waldseilklettergarten noch höher hinaus, indem sie angeseilte Wipfel erklimmen.
- Für Bikefans steht ein Mountainbike-Trailpark zur Verfügung.

3 Der Saar-Hunsrück-Steig

WANDERN AUF TRAUMSCHLEIFEN UND TRAUMSCHLEIFCHEN

Eine satte Natur ringsum, die alle Sinne reizt: das Sehen, Riechen, Fühlen und Hören – auch das macht den einzigartigen Hunsrück aus. Gut, wenn die Wanderer diese Umgebung maximal genießen können, ohne auf Apps oder in Karten mühsam nach dem richtigen Weg zu suchen.

Hierfür wurden Premiumrundwanderwege, die sogenannten Traumschleifen Saar-Hunsrück, erfunden. Diese sind so gut gekennzeichnet, dass sie sich mit geradezu traumwandlerischer Sicherheit erkunden lassen – und die Besucher sich komplett auf das Genießen konzentrieren können.

Egal, wo Sie starten, bieten die 111 Traumschleifen Saar-Hunsrück die Möglichkeit zu weiteren Entdeckungstouren durch verwunschene Täler und fantastische Aussichten rund um den Saar-Hunsrück-Steig – ein wirklich traumhaftes Erlebnis.

Auf der Börfinker Ochsentour

Die Startpunkte und Eingangsportale sind idealerweise überwiegend an einem großen Parkplatz lokalisiert und bieten einen erlebbaren Einstieg. So befindet sich an jedem Eingangsportal eine Orientierungskarte, die den Namen der Schleife und die mit Fotos illustrierten Besonderheiten zeigt. Alle Strecken sind so ausgewählt, dass es unterwegs nicht nur schöne Plätze zum Rasten und Staunen auf den sogenannten Sinnesbänken gibt, sondern auch wanderfreundliche Gasthäuser zum Einkehren. Dies wurde bisher auf etwa der Hälfte aller Wege etabliert. Oder es gibt kleinere „Selbstbedienungsmöglichkeiten" wie etwa den kulinarisch ausgefallenen Weinschrank auf der Traumschleife „Nohener Naheschleife" mit hervorragendem Nahewein inklusive Gläsern. Oder die Selbstbedienungsbadewanne am Bach auf der Traumschleife „Börfinker Ochsentour" im Nationalpark Hunsrück-Hochwald. Hier hat ein Ranger im Bachlauf Bottiche mit Getränken vorbereitet, die für einen kleinen Unkostenbeitrag entnommen werden können.

In die Ferne blicken ...

... und auf „dünnen Pfaden" wandern

Unterwegs wird jeder geschaffte Kilometer angezeigt, das gibt auch unerfahrenen Wanderern das Gefühl, auf dem richtigen Weg zu sein. An vielen Strecken locken zusätzliche Attraktionen, die von den Gemeinden, in der sich die jeweilige Traumschleife befindet, organisiert und zum Teil selbst gebaut wurden. Unbedingt sehenswert ist beispielsweise die mit 400 Metern längste Kugelbahn in Rheinland-Pfalz an der Traumschleife „Dünnbachpfad".

Schon viele der Traumschleifen wurden zu Deutschlands schönstem Wanderweg gewählt oder erreichten vordere Platzierungen. 2018 wurde die Traumschleife „Masdascher Burgherrenweg" im Hunsrück Erster und 2020 erzielte die Traumschleife „Heimat" in der Kategorie Tagestouren einen tollen zweiten Platz.

Die Traumschleifen eignen sich für alle Lebensphasen, Altersgruppen und für erfahrene Wanderer oder auch Neuwandererinnen. Für Familien mit Kindern gibt's speziell die Traumschleifchen Saar-Hunsrück, hier findet man urige Waldpassagen, weite und aussichtsreiche Wiesenlandschaften, welche für entspanntes Wandern bei geringen Höhenmetern stehen. Bei der umfangreichen Auswahl an Traumschleifen und Traumschleifchen ist sicher für jeden Geschmack etwas dabei. Also ruhig schon mal die Wanderstiefel schnüren und allein oder mit Kind und Kegel die Routen planen. Alleh-hopp!

Info

Lage: Die Traumschleifen Saar-Hunsrück sind zwischen sechs und 20 Kilometer lang und liegen im Umfeld des beliebten Streckenwanderweges Saar-Hunsrück-Steig. Dieser erstreckt sich von Perl an der Mosel im Saarland, über Idar-Oberstein im Hunsrück auf einer mäandrierenden Gesamtlänge von 410 Kilometern bis nach Boppard am Rhein, inklusive der Abzweigung nach Trier.

Website: *saar-hunsrueck-steig.de*

HINWEISE:

- Aktuell wird in der Wanderregion Saar-Hunsrück die Einbindung der Regionalinitiative „Ebbes von Hei" (*ebbes-von-hei.de*) verstärkt. Hier gibt es eine große Dichte und Vielfalt von regionalen Produzenten und zahlreichen Gastronomen, die regionale Küche auf ihren Speisekarten anbieten. So ist die eigene Verpflegung aus dem Rucksack nur noch auf wenigen Strecken notwendig, was praktisch für die Wanderer ist – und gut für die lokalen Höfe, Bauern und Wirte.
- Sorge zu haben, die Traumschleifen zu verfehlen, besteht nicht: Man erkennt die Hinweisschilder schon von Weitem an dem lila-violetten Logo auf weißem Grund, dazu in wellenförmiger Schrift „Traumschleifen", ein „S" für Saarschleife, ein „H" für Hunsrück sowie der Schriftzug „Saar-Hunsrück". Dazu ist in der Regel auch der Name der jeweiligen Traumschleife vermerkt.

4 Abentheuer im Nationalpark Hunsrück-Hochwald

TISCHLEIN DECK DICH IM WALD

Das Tischlein deck dich kannte ich bisher nur aus dem Schloss des bayerischen Märchenkönigs Ludwig II., der für seine Verrücktheiten bekannt war. So gab (und gibt) es auf Schloss Linderhof ein Tischlein deck dich zu bestaunen. Der Tisch wird dabei aus einer unteren Etage direkt ins Zimmer hochgefahren. Im Nationalpark Hunsrück-Hochwald funktioniert dies etwas anders: Während die Vögel zwitschern, zaubert die Abentheuerin alles auf den Tisch, was den Gaumen erfreut.

Hier ist der Name Programm: die Verpflegung als Abenteuer in Abentheuer. Da innerhalb des kleinen Ortes und in den ausgedehnten Wäldern und Wiesen ringsum Essen kaum zu ergattern ist, fand ich die Idee von Jeannette Marein-Maron ganz zauberhaft: Inmitten der Natur des Nationalparks, umgeben von Vogelgezwitscher, deckt sie wie von Zauberhand den Tisch mitten im Wald.

Mitten in der Natur erwartet Jeannette Marein-Maron die Wandersleute und Wandergruppen auf Bestellung mit ihrem Marktstand voller Köstlichkeiten. Sie können bei süßem Kuchen, herzhaftem Gemüsekuchen, Getränken und Kaffee eine erholsame Rast einlegen oder sich ein Vesperbrot mit Biokäse und Biobrot für den weiteren Weg einpacken lassen. Alle Produkte stammen von regionalen Höfen und Biohöfen. Auf Wunsch wird auch gluten- und laktosefrei oder vegan gebacken. Lassen Sie sich dieses entzückende Erlebnis mit hohem Verwöhnfaktor inmitten der Natur nicht entgehen! Die vorherige, gerne auch telefonische Bestellung ist unverzichtbar.

Lecker!

Info

Lage:
Waldtischlein deck dich:
Jeannette Marein-Maron, Dellstraße 6, 55767 Abentheuer, Tel. 0176 98840283

Unterkunft:

- Landhaus La Cachette: Zwar ist das überregionale bekannte Restaurant im Haus vor einigen Jahren abgebrannt, aber das Gästehaus, ein ehemaliges Jagdschloss, dient bis heute als Luxusherberge mit eigenem Whirlpool im Zimmer; exklusive Ferienwohnungen bei Familie Dickheiwer, Böckingstraße 11, 55767 Abentheuer, Tel. 06782 5722, *info@langhaus-lacachette.de*, *landhaus-lacachette.de*

Restaurants: Bis zur Eröffnung des neuen Cafés Abentheuer, geht oder fährt man zum Essen in den nahegelegenen Nachbarort Brücken:

- Da Giovanni: das freundliche Team bietet leckeres italienisches Essen, mit Außenterrasse; Mittwoch ist Ruhetag; Trierer Straße 45, 55767 Brücken, Tel. 06782 9834531
- Café Abentheuer: gegenüber dem ehemaligen ersten Stammsitzes der Stumm-Eisenhütte; Mühlenbergstraße 4, 55767 Abentheuer, Tel. 06782 8763293, *info@cafeabentheuer.eu*, *cafeabentheuer.eu*

Websites:

- *waldtischlein.de*
- *youtube.com/watch?v=5i4Gqqx6w28*

5 Die Grimburg

HOCH ÜBER DEN HÖHEN DES HUNSRÜCKS

Wir schreiben das Jahr 1190. Kaiser Friedrich I. Barbarossa ertrinkt bei einem Feldzug, Richard I. Löwenherz erobert die sizilianische Stadt Messina, Lübecker und Bremer Kaufleute stiften eine Hospitalgenossenschaft und hoch über den Höhen des Hunsrücks wird die Grimburg als Landesburg der Trierer Erzbischöfe wieder erbaut.

Die Grundmauern der Burg

Grimburg heißt „Burg im Grünen" und so ist es noch heute. Inmitten der Natur in der Nationalpark-Region Hunsrück-Hochwald im Naturpark Saar-Hunsrück etwa acht Kilometer entfernt von Hermeskeil thront diese außergewöhnliche Burganlage über den Wipfeln der umliegenden Wälder auf 460 Metern Höhe. Im 14. Jahrhundert erhielt sie die Stadtrechte und war früher Amtssitz für fast 40 Hochwaldgemeinden.

Im 16. Jahrhundert begann ein besonders schwarzes Kapitel: die Hexenprozesse. Unwetter, schlechte Ernten oder gar Missernten? Schuld waren die Hexen – eine andere Erklärung hatte man damals nicht. Im Hexenturm der Grimburg wurden sie angeklagt, angekettet und gefoltert. Die Hinrichtungen fanden in den Heimatdörfern statt – das gesamte Dorf musste dazu antreten. Mit anschaulichen Objekten vermittelt das Hexenmuseum im Ort einen intensiven Eindruck dieser grausamen Zeit.

Während des Dreißigjährigen Krieges war die Burg von französischen und spanischen Truppen besetzt. Doch die größte Zerstörung der Burg zur Ruine erfolgte während der Zeit, als sie als Steinbruch genutzt wurde.

Die imposante Grimburg

Kleine Hexen und Ritter

Der 1978 gegründete Förderverein kümmerte sich erst um die Freilegung der zugewachsenen Burg und dann um den erneuten Aufbau der Gebäude wie dem Burgfried. Heute sorgen zahlreiche Ehrenamtliche dafür, dass Gäste einen intensiven Einblick in die abenteuerliche Geschichte der Burg gewinnen. Inzwischen hat der Verein um die 200 Mitglieder. Eine davon ist Burgführerin Helga Arm. Immer noch führt die gebürtige Grimburgerin die Gäste über die Burg und erzählt unterhaltsame Geschichten wie die vom Schwarzen Ritter.

Ebenfalls vom Verein eingerichtet wurde der Burgtreff, ein Informations- und Kommunikationstreffpunkt auf der Burganlage. Hier haben Gäste während der Öffnungszeiten am Wochenende die Möglichkeit, mehr Informationen zur Burganlage Grimburg zu erhalten. Darüber hinaus werden Erfrischungen und Snacks angeboten, Kaffee und hausgemachte Kuchen, burgspezifische Artikel sowie regionale Produkte. Direkt gegenüber können Sie sich auf der Freiterrasse eine Erholungspause gönnen.

Info

Lage: Die Burg befindet sich etwa zwei Kilometer vom gleichnamigen Ort entfernt; 54413 Grimburg

Öffnungszeiten: April bis Oktober täglich

Eintritt: frei

Führungen: Buchungen für Gruppen bei Tourist-Information Hermeskeil, 54411 Hermeskeil, Tel. 06503 809500, *hermeskeil.de/tourismus/fit-aktiv/gaestefuehrungen*

Unterkunft: Im Eingangsturm sind rustikale Übernachtungen auf dem Boden für Gruppen bis 15 Personen möglich. Ein Grill mit Feuerschale und eine Wanne Feuerholz sind im Preis enthalten, um das Ritterabenteuer komplett zu machen.

Weitere Aktivitäten:

- Burg- und Hexenmuseum: Das 2005 eröffnete Museum befindet sich in einem restaurierten Bauernhaus mitten im Ort. Es liegt direkt gegenüber dem Seiteneingang der katholischen Filialkirche St. Medardus; Hauptstraße 16, 54413 Grimburg, Tel. 06589 919992 oder 99024, *burg-und-hexenmuseum.de*, dort unter *burg-und-hexenmuseum*

Website: *burg-grimburg.de*

HINWEIS: Übrigens ist die markante Burg auch in der Nacht und im Winter ein interessantes Fotomotiv.

6 Gedenkstätte KZ-Hinzert

KEIN HASS, ABER KEIN VERGESSEN!

Auch der Blick selbst aus der Dauerausstellung der Gedenkstätte hinaus ins Freie wird getrübt durch eine ins Glas gedruckte historische Aufnahme des ehemaligen Lagers – das Gestern und das Heute verschmelzen zur traurigen Erinnerung.

Passend zur damaligen brutalen Zeit, so hässlich-grässlich hebt sich das monumentale Bauwerk von der idyllischen Landschaft ab. Wie ein Fremdkörper liegt die gefaltete, rostbraune Cortenstahlkonstruktion inmitten des hügeligen, saftigen Grüns der Wiesen und Buchenwälder.

Es muss ein Ort des Grauens gewesen sein, davon zeugen heute noch zahlreiche Zeugnisse der Inhaftierten, darunter auch Kunstwerke. Insgesamt litten etwa 10.000 Männer vor allem aus Frankreich und Luxemburg sowie Osteuropa während des sechsjährigen Bestehens des Lagers unter dem SS-Terrorregime.

Im entlegenen Hinzert wurde Anfang Oktober 1939 zunächst ein Polizeihaftlager für straffällig gewordene Westwallarbeiter eingerichtet. Es trug die offizielle Bezeichnung „SS-Sonderlager Hinzert". Das Lager wurde am 1. Juli 1940 in die Inspektion der Konzentrationslager aufgenommen. Insbesondere luxemburgische, belgische, französische oder osteuropäische Häftlinge wurden auf ihrem Leidensweg nach Buchenwald, Natzweiler oder Dachau hier durch-

Gedenkstätte Sonderlager SS/KZ Hinzert

geschleust. Häftlinge wurden erschossen oder starben durch unterlassenen Hilfeleistung. Als es in Dachau keine Kapazitäten mehr gab, wurden allein 70 russische Kriegsgefangenen in einer Nacht-und Nebel-Aktion hierher gebracht und mit Zyankalispritzen ermordet. „Die Anklageschrift zu den Beteiligten, in der von einer ‚Zyankali-Generalprobe' an einem Häftling die Rede ist, die Herrichtung eines Quarantäneraumes, der den Eindruck vermittelte, sie würden nur geimpft, lesen sich von der Dramatik wie ein Theaterstück", erklärt Dr. Beate Welter, die es sich als Leiterin der Gedenkstätte zur Aufgabe gemacht hat, allen Nummern Namen zu geben. Die Geschichten der Hälfte der Insassen wurden bereits identifiziert. Die Toten wurden in der Regel im nahen Wald verscharrt, hier befinden sich heute die Gedenkstellen zu den „Stätten der Unmenschlichkeit".

Aufgegeben wurde das Lager erst im März 1945. Dabei wurde ein Teil der Insassen auf den Marsch nach Buchenwald getrieben. Andere Häftlinge blieben im Lager – zuletzt ohne Aufseher – zurück, bis die Amerikaner kamen.

Der Ehrenfriedhof

Das Mahnmal von Lucien Wercollier

Die installierte Dauerausstellung informiert mit Dokumenten, Fotos, Filmen und vor allem mit zahlreichen Zeitzeugenberichten über die Geschichte des Konzentrationslagers. Hinzu kommen noch die ausgewiesenen „Stätten der Unmenschlichkeit": Gruben, die im September 1944 vorsorglich ausgehoben wurden, um den Befehl, dass keine Häftlinge in die Hände der Alliierten fallen dürften, gegebenenfalls rasch erfüllen zu können.

Auch der ehemalige „Lagerfriedhof" – bestehend aus mehreren willkürlich angelegten Streugräbern, heute zum Großteil durch die Autobahn überlagert – ist als eine „Stätte der Unmenschlichkeit" zur besonderen Erinnerung ausgewiesen. An die bisher unbekannte Anzahl der Toten der „Nacht-und-Nebel"-Gefangenen erinnert eine Tafel im Wald.

Als im Sommer 1945 die französische Militärverwaltung das Gebiet um Hinzert übernahm, wurde das ehemalige Lager nach und nach abgebaut, um das Gelände den früheren Eigentümern zurückzugeben. Seit den 1950er-Jahren wird die Fläche wieder landwirtschaftlich genutzt.

Bereits 1946 wurde auf dem Gelände des ehemaligen Wachmannschaftslagers von der französischen Militärverwaltung ein Ehrenfriedhof angelegt und eingeweiht – für 217 im Umfeld exhumierte KZ-Tote. Bis heute bildet der den Schwerpunkt der Gedenkstätte. Auf Initiative eines deutschen Pfarrers wurde 1948 am neu angelegten Friedhof eine Sühnekapelle errichtet, die in Anwesenheit hochrangiger luxemburgischer und französischer Vertreter und vieler ehemaliger Häftlinge eingeweiht wurde. Ende der 1950er-Jahre wurde der Friedhof umgestaltet, so wurden beispielsweise die Holzkreuze durch Steinkreuze ersetzt. Seit dem 11. Oktober 1986 verleiht ein Denkmal vor dem Gräberfeld dem „Ehrenfriedhof" den Charakter einer Gedenk- und Mahnstätte. Es ist das Werk des Bildhauers und Hinzert-Überlebenden Lucien Wercollier – zum ewigen Gedenken.

Info

Lage: Gedenkstätte SS-Sonderlager KZ Hinzert: An der Gedenkstätte, 54421 Hinzert-Pölert

Anreise: Von der A1 Ausfahrt Reinsfeld oder der B52 von Hermeskeil den braunen Hinweisschildern folgen. Mit dem Rad ist der Ruwer-Hochwald-Radweg zu empfehlen.

Öffnungszeiten: Dienstag bis Freitag 9 bis 13, 14 bis 17 Uhr, Samstag, Sonntag und an Feiertagen 11 bis 17 Uhr; Tel. 06586 992493, *info@gedenkstaette-hinzert-rlp.de*

Website: *gedenkstaette-hinzert-rlp.de*

HINWEISE:

- Die Ausstellung ist multimedial aufgebaut und mittels Audioguides auch für Sehbehinderte erlebbar. Die Interviews sind auf Deutsch, Englisch, Französisch und Niederländisch verfügbar. Auf Anfrage werden auch individuelle Führungen angeboten.
- Die Hörfunk-App „Hinzert" ist mittels QR-Code mit dem Hinweis verfügbar: „Betreten auf eigene Gefahr". Am besten den QR-Code in der Gedenkstätte vorher herunterladen.

7 Flugausstellung Junior in Hermeskeil

PLATZ NEHMEN IN DER CONCORDE

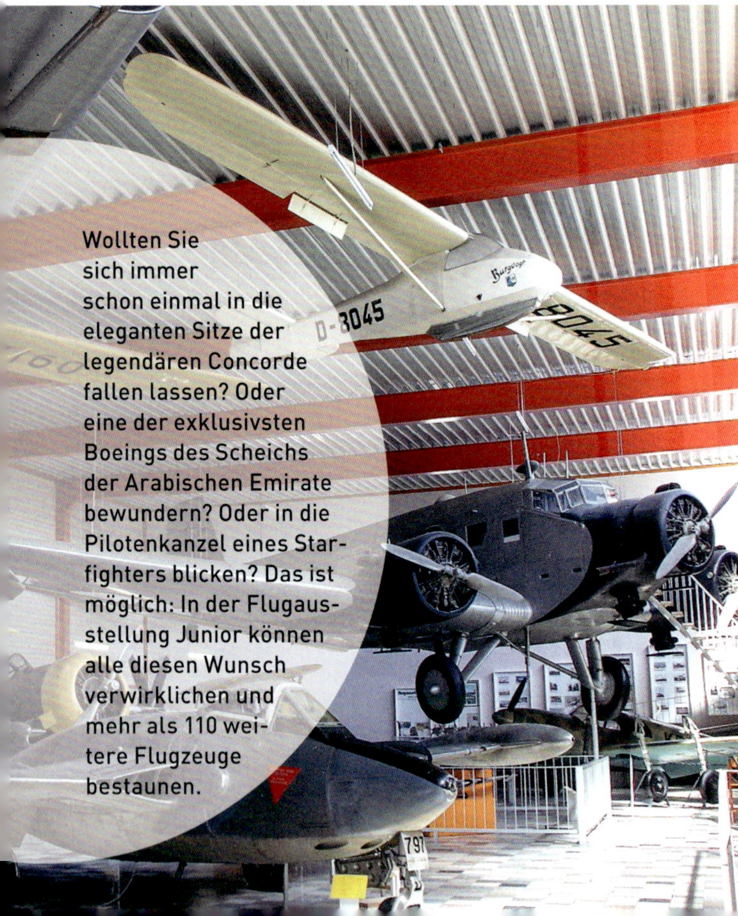

Wollten Sie sich immer schon einmal in die eleganten Sitze der legendären Concorde fallen lassen? Oder eine der exklusivsten Boeings des Scheichs der Arabischen Emirate bewundern? Oder in die Pilotenkanzel eines Starfighters blicken? Das ist möglich: In der Flugausstellung Junior können alle diesen Wunsch verwirklichen und mehr als 110 weitere Flugzeuge bestaunen.

Ein besonderes Prachtstück: die 70 Meter lange Concorde

Hier, in der größten privaten Flugausstellung Westeuropas in der Nähe von Hermeskeil, bekommen die ausrangierten Raritäten der Luftfahrtindustrie ein zweites Leben als Ausstellungsstück eingehaucht, um so für die Nachwelt und alle Interessierten erfahrbar zu bleiben. In der rekonstruierten Concorde können Sie sogar Kaffee und Snacks genießen – vorausgesetzt der Verzehr im Museum ist erlaubt.

Boeing, Dornier, Lockheed, Lilienthal, Tupolew – nicht nur Flugzeugenthusiasten kennen die Namen der Hersteller aus aller Welt. Hier kommen sie alle zusammen: Zivile Flugzeuge reihen sich einträchtig an ausgediente Militärjets oder fürstliche Edel-Flugkarossen. Eine russische MIG 23 und ein Tornado im friedlichen Nebeneinander sind auch zu bestaunen. Ebenso wie der einst größte Hubschrauber der Welt mit heute hängenden Rotoren, die Regierungsmaschine der Arabischen Emirate (VCC), die durch ihre atemberaubende Größe und Exklusivität beeindruckt, bis hin zur legendären Ju 52, die in den 1930er- und 1940er-Jahren als weltweit erstes Verkehrsflugzeug im Einsatz war mit ihrer beeindruckend einfachen Ausstattung.

Über 40 der Flugzeuge sind in vier Ausstellungshallen auf insgesamt 3600 Quadratmetern untergebracht. Sie erzählen die Geschichte der Flugzeugtechnik von den Anfängen bis zur Gegenwart. Begonnen vom Lilientalgleiter bis hin zum Düsenjäger, gibt es Modelle aus allen Epochen zu bestaunen. Zudem verfügt die Ausstellung über eine Sammlung von 60 Flugmotoren und bietet viele weitere flugtechnische Details und Informationen.

Die Flugausstellung bei Hermeskeil, südwestlich von Idar-Oberstein, ist ein Familienunternehmen, heute geführt von Peter Junior. In den 1970er-Jahren startete sein Vater, der inzwischen verstorbene Leo Junior, mit seiner Sammelleidenschaft – andere sammelten in der Zeit Briefmarken. Seine erste Errungenschaft war ein sogenannter Bananenhubschrauber (H21), der 1973 von der Bundeswehr ausgemustert wurde. In diesem Jahr wurde auf dem Gelände bei Hermeskeil die Grundlage der Ausstellung geschaffen, denn Flugzeuge brauchen mehr Platz als ein Briefmarkenalbum. Inzwischen umfasst das Außengelände 76.000 Quadratmeter, das entspricht etwa elf Fußballfeldern und sicher Millionen von Briefmarkenalben.

Die majestätische Lufthansa-Maschine

Manche Maschinen bergen zudem historisch bedeutsame Geschichten: Wie die Super-Constellation-Maschine der Lufthansa, mit der Bundeskanzler Konrad Adenauer im September 1955 nach Moskau flog, um die letzten 10.000 deutschen Kriegsgefangenen aus Russland zurückzuholen – mit Erfolg.

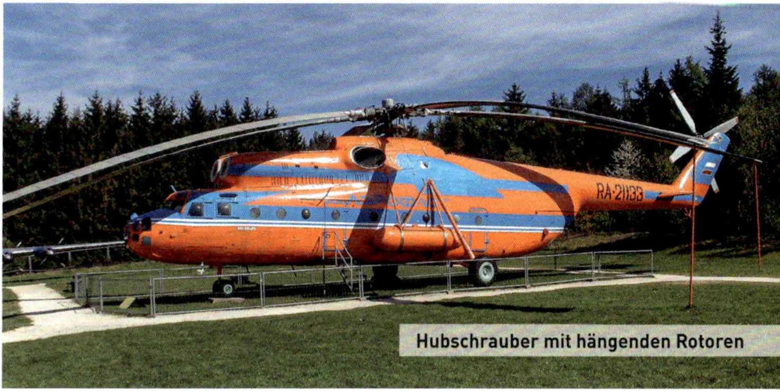

Hubschrauber mit hängenden Rotoren

Info

Lage: Flugausstellung Peter Junior: Habersberg 1, 54411 Hermeskeil

Anreise: Die Anfahrt zum Ausstellungsgelände ist von der B327 ausgeschildert.

Öffnungszeiten: April bis November täglich 10 bis 17 Uhr

Eintritt: Erwachsene 11 EUR, Kinder (4 bis 14 Jahre) 6 EUR, Gruppenpreise ab 20 Personen

Website: *flugausstellung.de*

HINWEIS: Schon der Antransport ist immer ein Abenteuer. Die meisten Exponate wurden zu den nächstgelegenen Flugplätzen Büchel, Saarbrücken oder Hahn geflogen oder direkt bis nach Hermeskeil transportiert. Einige mussten für den Transport auseinandergebaut und auf dem Gelände wieder detailgetreu zusammengeschraubt werden. Jede Errungenschaft stellte die neuen Inhaber vor besondere Herausforderungen. So musste für den Transport der Super Constellation aus Hamburg 1980 der größte Tieflader Europas organisiert werden – Kostenpunkt mehrere Zehntausend Euro.

8 Hundefreizeit in Thalfang

WO MENSCH UND HUND SICH PUDELWOHL FÜHLEN

Für Hundefans gehört ein Vierbeiner selbstverständlich zur Familie. Und daher ist der beste Freund des Menschen im Urlaub oder beim Ausflug mit dabei; häufig bestimmen sie sogar maßgeblich das Ziel. Im Hunsrück sind sie genau richtig: Denn der Hun(d)srück hat den Hund nicht nur im Namen, sondern macht ihm mit seinen vielfältigen Angeboten auch alle Ehre.

Viele Gastgeber im Hunsrück sind auf Hunde eingerichtet. Angefangen bei hundefreundlichen Unterkünften bis hin zu Gastronomiebetrieben, die schon am einladenden Hundenapf vor der Eingangstür gut zu erkennen sind. Während die Zweibeiner für ihre Getränkebestellung erst die Karte studieren, ist bei den Vierbeinern die Sache klar, sie entdecken schnell frisches Wasser im bereitgestellten Napf und bedanken sich freudig mit wedelndem Schwanz.

Bloß nicht irritieren lassen!

Klar ist: Hunde brauchen viel Bewegung und Auslauf. Dafür ist der Hunsrück mit seinem großräumigen Wegenetz besonders gut geeignet. Es gibt zahlreiche touristische Einrichtungen, in welchen die Vierbeiner herzlich willkommen sind – freilaufend oder angeleint. Es gibt auch besonders empfehlenswerte Wanderwege, auf denen sich Mensch und Tier pudelwohl fühlen können. Nur im Gebiet des Nationalparks Hunsrück-Hochwald und in den Naturparks Saar-Hunsrück und Soonwald-Nahe müssen Hunde angeleint werden.

Damit es nicht nur bei einem Tagesausflug bleibt, gibt es eine große Auswahl an Ferienwohnungen, Gasthäusern und Hotels. Hier sind der beste Freund des Menschen und seine Begleitung für einen Urlaub ausdrücklich willkommen.

Wie im Hundefreizeitpark „Caniplace". Für all diejenigen, denen die freie Natur nicht genug Auslauf ist, bietet seit Herbst 2019

Das Planschbecken ist besonders bei Hitze beliebt.

ein Hundefreizeitpark in Thalfang auf 15.000 Quadratmetern alles an, was das Hundeherz begehrt und Hundemenschen glücklich macht. Der Name vereint das italienische „Cani" (Hunde) mit dem englischen „place" (Platz), „um das Angebot einzigartig zu machen", erzählt Initiatorin und Inhaberin Dagmar Pilzecker. Auf diversen Spiel- und Trainingsflächen wie einem Naturplatz mit Bachlauf und Sandbuddelecken oder dem Sinnesparcours können sich die Hunde allein oder in Gruppen austoben. Zudem gibt es ein Hundeschwimmbecken und für den Abschluss nach all dem Herumtollen eine Selbstwaschanlage, einen Hundefriseur und vieles mehr, damit es sauber zurück nach Hause geht. Apropos: Um den Platz sauber zu halten, hat Dagmar Pilzecker

„Fang den Ball" mal anders

gleich zur Begrüßung eine Fläche als Hunde-WC ausgewiesen. Beim ersten Besuch gibt es einen Rundgang mit der Chefin, um über alle Regeln informiert zu sein, damit der Spaß auf dem Platz allen erhalten bleibt.

Auch Hürdenlauf gehört zum Training.

Info

Lage: Caniplace: Langemer Straße 2, 54424 Thalfang

Anreise: Hunsrückhöhenstraße (B327) Industriegebiet Vorwald, Schild Richtung Straßenmeisterei folgen, gegenüber Firma Hochwald in Thalfang. Nahe der Autobahn A1 an der Bundesstraße (B327), zu Füßen des Skigebietes Erbeskopf in der Verbandsgemeinde Thalfang.

Öffnungszeiten: täglich 10 bis 22 Uhr. Es wird empfohlen online die Eintrittstickets zu buchen; gern länger im Voraus, damit auch der gewünschte Bereich exklusiv reserviert werden kann; Tel. 06504 950 583, *info@caniplace.eu*

Unterkünfte: von Hundebesitzern werden folgende Unterkünfte empfohlen:

- Ferienpark Himmelberg: mehrere Anbieter
- Seven Valley Ranch: Ferienpark nur für Leute mit Hund; *seven-valley-ranch.de*
- Thalfanger Bahnhof: hochwertig, nur 500 Meter von Caniplace entfernt; *bahnhof-thalfang.de*

Websites:

- *caniplace.eu*
- *hunsruecktouristik.de*
- *urlaub-mit-hund-im-hunsrueck.de*

Edelsteinland

Achate

Edelsteinland

9. Deutsches Mineralienmuseum: wo Idar-Oberstein besonders funkelt
10. Deutsche Edelsteinstraße: Weg der Steine
11. Malerisches Herrstein: Ausflug ins Mittelalter
12. Traumschleife Mittelalterpfad
13. Niederhosenbach: auf den Spuren von Hildegard von Bingen
14. Breitenthal: Hunsrückdorf mit uriger Dorfkneipe
15. Weiden: kleines Dorf mit tiefschürfender Vergangenheit
16. Der Schinderhannesfelsen: legendärer Dreh mit Curd Jürgens und Maria Schell
17. Die Wildenburg: wo die wilden Kerle feiern
18. Wasserschleiferei Biehl: Es klappert die Mühle …
19. Karl-May-Festspiele in Mörschied: im Namen des Manitou
20. Kempfeld: Schätze aus vergangenen Zeiten
21. Flugplatz Göttschied: Sierra, Romeo, Lima, Foxtrott
22. Antiquariat in Sonnschied: Übernachten im Romantikzimmer

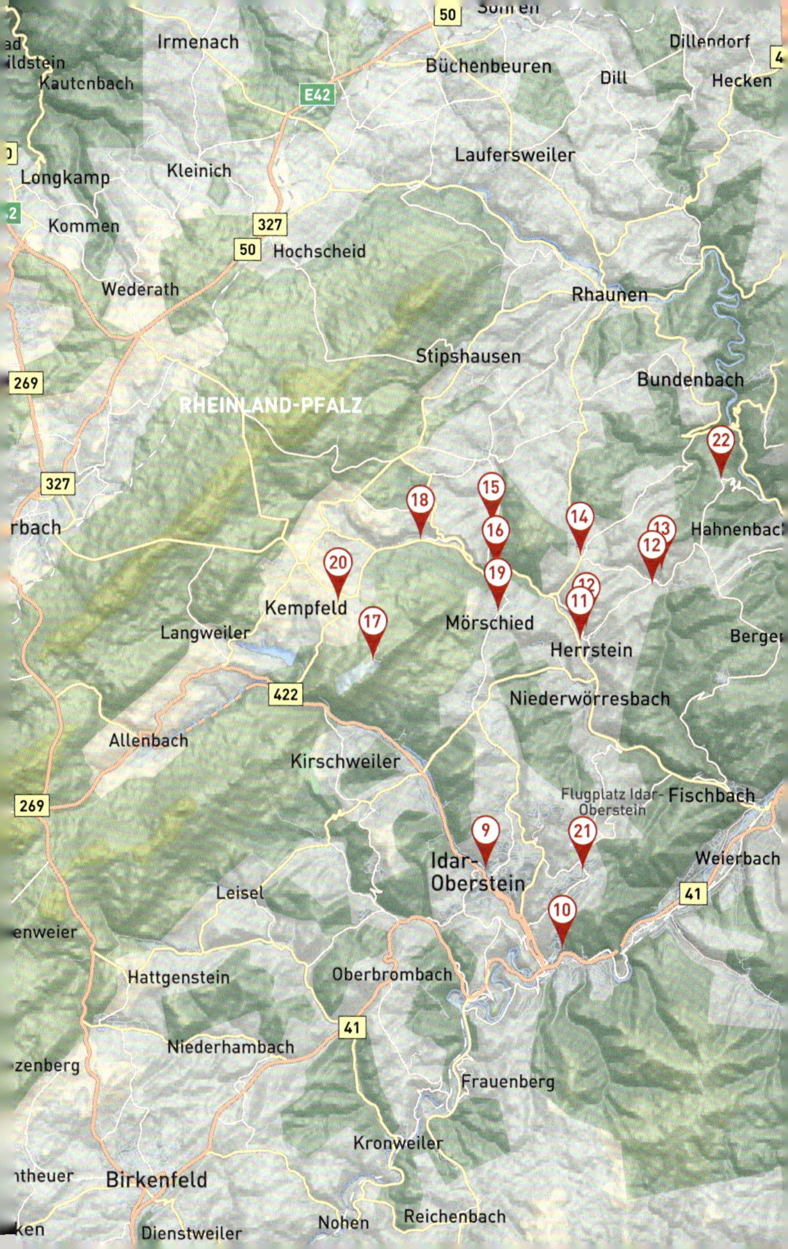

50
Irmenach
Büchenbeuren
Dillendorf
Dill
Hecken
Kautenbach
E42
Longkamp
Kleinich
Laufersweiler
Kommen
327
50
Hochscheid
Wederath
Rhaunen
Stipshausen
Bundenbach
269
RHEINLAND-PFALZ
22
327
18
15
14
13
16
12
20
19
12
11
Kempfeld
17
Mörschied
Langweiler
Herrstein
422
Niederwörresbach
Allenbach
Kirschweiler
Flugplatz Idar-Oberstein
Fischbach
269
9
21
Idar-Oberstein
Weierbach
41
Leisel
10
Hattgenstein
Oberbrombach
41
Niederhambach
Frauenberg
Kronweiler
Birkenfeld
Reichenbach
Nohen
Dienstweiler

9 Deutsches Mineralienmuseum

WO IDAR-OBERSTEIN BESONDERS FUNKELT

Schon im Mittelalter wurde in Idar-Oberstein und Umgebung mit Achaten und anderen Mineralien gearbeitet. Im 20. Jahrhundert wurden an der Diamanten- und Edelsteinbörse die pompösesten Steine der Welt gehandelt. Die Kleinstadt an der Nahe ist mit etwa 31.000 Einwohnern die einzige Metropole des Hunsrücks – und steht sinnbildlich für die Beschaulichkeit der gesamten Region.

Das Deutsche Mineralienmuseum

Heute erinnert außer den herrschaftlichen Häusern nicht mehr viel an den einstigen Ruhm der Steinmetropole. Das Mineralienmuseum lässt jedoch Glanz und Gloria vergangener Zeiten aufleben. Das Museum, gegründet 1932 von den Heimatfreuden in Oberstein, ist ein wieder zum Funkeln gebrachtes Juwel. Es liegt sehr zentral in einem Gründerzeithaus am Fuße der Felsenkirche beziehungsweise des Schlosses. Auf vier Etagen sind hier außer den Schmuckstücken aus dem 19. und 20. Jahrhundert die größten Überseekristalle, die je von europäischen Ländern importiert wurden, zur Schau gestellt und als Kontrast die kleinsten Kameen der Welt. Sogar eine alte funktionsfähige Achatschleife mit Wasserrad wird hier präsentiert.

Das Mühlrad

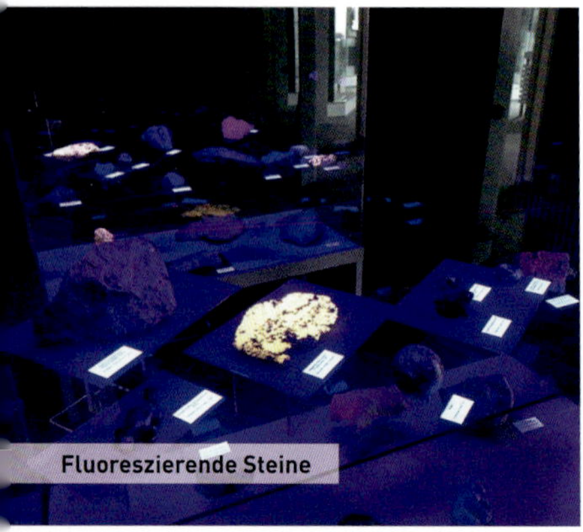

Fluoreszierende Steine

Beeindruckende Edelsteine

Eine Abteilung widmet sich den über 400 Millionen Jahre alten Versteinerungen aus dem Hunsrückschiefer der Devonzeit: Seesterne, Seelilien und Krebse – eingeschlossene Zeugen einer längst vergangenen Zeit. Ein bundesweit einzigartiger Kristallsaal und eine beeindruckende Sammlung von Nachbildungen historischer Diamanten sowie die Heilsteine der Heiligen Hildegard von Bingen sind zu bestaunen. Weitere Höhepunkte sind ein Fluoreszenskabinett, in dem Mineralien in einem anderen Licht aufleuchten als im Tageslicht, sowie einmalige Motivsammlungen wie „Mineralien und Edelsteine auf Briefmarken" oder Studiensammlungen, die sich mit der Magie und Mystik von edlen Steinen, historischen Diamanten, Bernstein oder Achatgeld beschäftigen. Zu den weiteren Kostbarkeiten des Hauses gehören kunsthandwerklich gearbeitete Gemmen, Skulpturen und Gefäße aus Edelsteinen.

Besonders sehenswert: Unter dem Titel „Aus Flammen geboren" werden etwa 50 einzigartige Skulpturen des französischen Künstlerehepaares Claudius Barbat und Katherine Dimitri-Barbat präsentiert. Angefangen bei Adler- und Falkenskulpturen, die Kraft und Macht symbolisieren, über Ägyptische Sphinx, Chinesische Drachen, Indische Elefanten, Vögel wie Eulen als Symbol für Weisheit bis hin zu Werken, die sich mit der griechischen Mythologie Ledas oder mit Dichtern und Philosophen wie Victor Hugo, Novalis und Dante beschäftigen. Ein Meisterstück von Claudius Barbat ist sein Schachspiel – unbedingt angucken!

Info

Lage: Deutsches Mineralienmuseum, Hauptstraße 436, 55743 Idar-Oberstein

Öffnungszeiten: täglich 10 bis 17 Uhr; Tel. 06781 24619

Eintritt: Erwachsene 7 EUR, Kinder (6 bis 18 Jahre) 4 EUR

Weitere Aktivitäten:

- Hinter dem Museum liegt der Obersteiner Marktplatz mit einem schönen Brunnen und mit Blick auf die Felsenkirche. Viele kleine Restaurants laden zum Verweilen ein.
- Beachtenswert sind auch die großformatigen Tafeln zum Thema „Edelsteinweg", die an einigen Stationen mit Fotos den Wandel der Zeit dokumentieren.

Websites:

- *deutsches-mineralienmuseum.de*
- *museumsportal-rlp.de/museen/deutsches-mineralienmuseuml*

HINWEIS: Hätten Sie es gewusst? Einer der Söhne der Stadt hat es in einem ganz anderen Bereich zu Berühmtheit gebracht: Bruce Willis. Der amerikanische Schauspieler wurde hier am 19. März 1955 als Sohn einer Deutschen und eines amerikanischen Soldaten geboren.

10 Deutsche Edelsteinstraße

AUF DEN SPUREN DER STEINE

Als Kinder haben wir beim Spielen im Straßenschotter nach den glänzenden Steinen gesucht und freuten uns, wenn wir einen Glitzerstein gefunden hatten – schön, aber nicht wertvoll. Schön und dagegen äußerst wertvoll sind die wundervollen Exponate, die auf den beiden Rundfahrten der Deutschen Edelsteinsteinstraße gezeigt werden.

Achat, Amethyst, Bergkristall, Calcit, Rauchquarz – fein geschliffen funkeln sie in den tollsten Farben. Sie sind heute noch zu finden, nur der Abbau lohnt sich schon lange nicht mehr. Traditionell bilden das Achat- und Edelsteinschleiferhandwerk, die Schmuck- und Metallwarenindustrie noch immer einen wichtigen Wirtschaftszweig in der Region – und locken die Touristen an.

Die Kostbarkeiten haben eine lange Geschichte: Schon in der Römerzeit (200 n. Chr.) soll die Region für ihre Achate bekannt gewesen sein. Im Mittelalter wurden die Schätze gehoben, die seit Jahrmillionen Jahren im Untergrund lagerten.

Um diese Geschichte sichtbar zu machen, wurde 1974 die Deutsche Edelsteinstraße aus der Taufe gehoben. Auf zwei Rundkursen verbindet sie die Edelsteinmetropole Idar-Oberstein und Orte der Verbandsgemeinde Herrstein miteinander, die von der Edelsteinbearbeitung geprägt sind. So können Interessierte auf der Route die gesamte Produktionskette verfolgen: von der einstigen Schürfung, über die Verarbeitung in historischen und später modernen

Schleifereien von Edelsteinhandwerkern bis zur Verfeinerung bei Goldschmieden und Graveuren.

Die kleine Rundfahrt startet im Ortsteil Idar und geht nach Tiefenstein, Katzenloch, Kempfeld, Asbacher Hütte, Mörschied, Herborn, Veitsrodt und Vollmersbach wieder zurück nach Idar. Die große Rundfahrt startet im Ortsteil Oberstein und führt über Idar nach Algenrodt, Rötsweiler-Nockenthal, Mackenrodt, Hettenrodt, Kirschweiler, Katzenloch, Allenbach, Wirschweiler, Sensweiler, Langweiler, Bruchweiler, Schauren, Asbacher Hütte, Herrstein, Niederwörresbach, Fischbach, Weierbach, Nahbollenbach zurück nach Oberstein. In Idar, Katzenloch und an der Asbacher Hütte überschneiden sich die Routen, sodass Sie spontan umschwenken können.

Info

Lage und Anreise: Die markanten Schilder „Deutsche Edelsteinstraße" zur Orientierung sind auf den Parkplätzen entlang der Route platziert.

Weitere Infos:

- Tourist Information Deutsche Edelsteinstraße: Büro Idar-Oberstein, Hauptstraße 419, 55743 Idar-Oberstein, Tel. 06781 64871, oder Büro Herrstein, Brühlstraße 16, 55756 Herrstein, Tel. 06785 791400, *info@edelsteinland.de*
- Förderverein Deutsche Edelsteinstraße e. V., Postfach 12 22 40, 55714 Idar-Oberstein, Tel. 06781 4064000, *foerderverein-edelsteinstrasse.de/deutsche-edelsteinstraße*

HINWEIS: Im Raum Herrstein überlappen sich die Deutsche Edelsteinstraße und die Hunsrück Schiefer- und Burgenstraße, die auch eine interessante Route ist; *hunsrueck-naheland.de*

11 Malerisches Herrstein

AUSFLUG INS MITTELALTER

Verwinkelte Gässchen, Kopfsteinpflaster und reich verzierte Fachwerkhäuser – wer das liebt, kommt im kleinen Ort Herrstein aus dem Schwärmen gar nicht mehr heraus.

Wie auf einer Zeitreise zurück ins 15. bis 18. Jahrhundert fühlen sich die Besucher beim Anblick der urigen schiefergedeckten Häuser und mittelalterlichen Gebäude, die von der Baukunst der Spätgotik, der Renaissance und des Barocks zeugen. Einige Häuser, wie eines in der kopfsteingepflasterten Herrsteiner Uhrengasse, diente sogar als Schauplatz in Edgar Reitz' Film „Die andere Heimat", der Anfang des 19. Jahrhunderts spielt.

Unterhalb des Schlosses und der Kirche, die über eine Original-Hunsrücker Stumm-Orgel verfügt, gruppiert sich ein Ensemble aus rund 60 liebevoll restaurierten Bürgerhäusern malerisch um den Rathausplatz. Darüber thront regelrecht der durch seinen runden Sandsteinturm aus dem Rahmen fallende Glocken- oder Schinderhannesturm. Auch so manche reich verzierte Holztür ist ein echter Hingucker. Zudem haben scheinbar viele Herrsteiner einen grünen Daumen – kaum ein Fensterbrett oder freies Fleckchen, auf dem es in den warmen Monaten nicht üppig grünt und blüht.

Der Besuch des Wahrzeichens von Herrstein, des alten Uhrturms in der Stadtmauer, macht ein Schlendern auf historischen Pfaden nicht nur für Erwachsene spannend. Besonders abenteuerlich für Kinder mutet der Gang vom Uhrturm durch die Stadtmauer zu einem idyllisch gelegenem Platz an. Mittendrin setzt hier der Hankel-Brunnen dem ehemals stolzen Bürgertums Herrsteins ein eher spöttisches Denkmal. Der Spottname Hankel ist eine Abkürzung des früher im Ort häufigen Vornamens Johann-Karl, der über Hann-Karl schließlich auf „Hankel" abgekürzt wurde. Dabei wird der eitle Hankel mit Schirm in der Hand von einem Jungen mit Wasser bespritzt. An heißen Tagen kann es sehr erfrischend sein, wenn Familien es dem Jungen gleich tun.

Am nahe gelegenen Rathaus vorbei bringt ein Treppenaufgang die Wanderlustigen zur Schlosskirche und weiter zu dem runden Schinderhannesturm. Hier bietet eine Aussichtsplattform aus Schieferplatten einen wunderbaren Rundblick über das pittoreske Herrstein, das von einigen Gästen als das Rothenburg des Hunsrücks bezeichnet wird. Hinweisschilder erinnern hier an Hildegard von Bingen und Loretta von Sponheim, bevor es durch ein steinernes Portal weiter über Treppen in das Wäldchen auf den Mittelalter-Traumpfad geht (siehe Tipp 12, Seite 74, Traumpfad Mittelalter).

Wer neben dem Wandern noch Zeit zum Verweilen hat, kann sich in der gemütlichen Zehntscheune stärken oder einen kleinen Abstecher auf den alten Friedhof in Herrstein machen, um die uralten Grabinschriften zu entziffern. Vor allem bei hochsommerlichen Temperaturen ist eine Pause im gepflasterten Hof unter Sonnenschirmen oder das entspannte Schlendern über die alte Friedhofsanlage unter den schattigen Laubbäumen eine willkommene Abwechslung mit Garantie auf Entschleunigung und wieder ganz neue Blickwinkel auf die historischen Kulisse.

Innenhof der Zehntscheune

Info

Lage:
Herrstein liegt etwa 15 Kilometer nördlich von Idar-Oberstein.

Café und Unterkunft:

- Café Zehntscheune: Schloßweg 13, 55756 Herrstein, Tel. 06785 1658, *info@zehntscheune.de*, *zehntscheune.de*

Aktivitäten:

- Eine Nachtführung durch den historischen Ortskern von Herrstein beispielsweise mit einer Fackel in der Hand ist ein besonderes Erlebnis; *herrstein.de/erleben/fuehrungen*
- Am zweiten Wochenende im September findet jedes Jahr das Schinderhannes-Räuberfest statt. Die engen Gassen der Altstadt sind dann von allerlei Verkaufsständen gesäumt. Neben regionalen Köstlichkeiten wie dem Hunsrücker Bauernbrot wird außerdem ein spannendes Programm an Kleinkunst geboten; *herrstein.de/erleben/schinderhannes-raeuberfest*

Websites:

- *herrstein.de*
- *outdooractive.com/de/route/wanderung/nahe/traumschleife-mittelalterpfad/1516442*

HINWEIS: In Herrstein in der Schlossstraße ist auch das Zentrum für Restaurierung und Denkmalpflege der Handwerkskammer angesiedelt, das auch ein Berufsbildungszentrum für die Meisterausbildung zum Goldschmied, eine Edelsteinschleiferei und zahlreiche Weiterbildungsangebote aus den Bereichen Denkmalpflege und Restaurierung beinhaltet wie etwa die alte Kunst des heute wieder sehr populären Lehmbaus – und das nicht nur in der Denkmalpflege. Und das sieht man dem schmucken Städtchen einfach an, als hätten sich hier die Meister in all ihren Disziplinen ausgetobt.

12 Traumschleife Mittelalterpfad

ZUR JAMMEREICHE UND ZUR RABENKANZEL

Abseits der bekannten Pfade wie dem Saar-Hunsrück-Steig laden relativ neu erschlossene Traumschleifen zum entspannten Wandern, Verweilen und Träumen ein. Als erste Strecke im Kreis Birkenfeld wurde die Traumschleife Mittelalterpfad im Juli 2009 eröffnet und im Frühjahr 2010 nochmals verbessert – mit Erfolg.

Experten kürten die Strecke, die in Herrstein beginnt, zu „Deutschlands schönstem Wanderweg 2010". Inzwischen sind die Wege auch gekennzeichnet als Hildegard-von-Bingen-Weg und Loretta-von-Sponheim-Weg.

Der 8,6 Kilometer lange Rundwanderweg startet und endet im historischen Herrstein und führt auf gut markierten schmalen Pfaden durch lichte Eichenwälder, vorbei an beeindruckenden Natur- und Kulturdenkmälern. An Felsen und Gewässern entlang gibt es hier und da eine beschauliche Holzbrücke zu überqueren beim Wandern durch die abwechslungsreiche Landschaft des Edelsteinlandes. Ein Teil der Strecke überschneidet sich mit dem Hildegard-Pilgerpfad, denn das nahe gelegene „Nirahusebach" (Niederhosenbach; siehe Tipp 13, Seite 78) gilt als wahrscheinlicher Geburtsort der berühmten Äbtissin. Auch die alte Römerstraße gilt es hier wieder zu entdecken – ein hölzernes Hinweisschild weist auf diese in der Römerzeit wichtige Verbindung zwischen Trier und Bingen hin. Heute wird der vor Jahrtausenden bedeutsame Handelsweg als einfacher Feldweg für die Landwirtschaft genutzt – wie beispielsweise zwischen „Bränel" (Breitenthal) und „Sunschied" (Sonnschied).

Der offizielle Eingang zum Mittelalterpfad

Wanderlustige erfreuen sich an sanften An- und Abstiegen, verträumten Pfaden und Bachtälern wie dem Hosenbachtal sowie spektakulären Aussichten über die wellige Hügellandschaft mit ihren flickenteppichartig gemusterten Feldern, Wiesen und Wäldern. Auf dem Weg laden Sinnesbänke sowie die Naturdenkmäler

Die Jammereiche

Rabenkanzel und Jammereiche zum Verweilen ein. Es sind keine extremen Höhenmeter zu überwinden, aber festes Schuhwerk ist von Vorteil, um vom vorgegebenen Pfad mal abzuweichen und zum Beispiel auf die Rabenkanzel zu klettern, um den beruhigenden Ausblick zu genießen.

Blick ins Tal

Mitten im Gelände gibt eine etwas erhöhte Aussichtsplattform mit 360-Grad-Panorama-Rundblick. Eine bronzene Windrose zeigt auf 17 Dörfer, die es in der Umgebung zu sehen gibt. Zudem können Sie hier die Geräusche der Natur in Ruhe genießen, im Gegensatz zum viel beworbenen Aussichtsturm, der mit Blick auf die Umgehungsstraße im Tal auch den damit verbundenen Verkehrslärm transportiert.

Zurück in Herrstein rundet ein Besuch in der urigen Zehntscheune zu Hunsrücker Gerichten – und eventuell zum Übernachten in gemütlichen Zimmern und einem Apartment – die Wanderung durch die Heimat ab. Die „Gefillte Klees" (Gefüllten Klöße) sind fast so lecker wie bei meiner Oma Hulda.

Info

Naturdenkmal Jammereiche:
Während des Dreißigjährigen Krieges soll sich hier ein besonders schauriges Verbrechen abgespielt haben, als das Dorf Breitenthal im Jahr 1620 von spanischen Truppen besetzt und seitdem stark von Kriegslasten betroffen war. Es sind leider keine Dokumente mehr vorhanden, die dies belegen, doch nach alten Überlieferungen sollen sich im Bereich der Jammereiche an der Gemarkungsgrenze zwischen „Bränel" (Breitenthal) und „Nirahusebach" (Niederhosenbach) eine Anzahl Geflüchteter aus beiden Orten versteckt haben. Die spanischen Soldaten umzingelten das Waldstück und zündeten es mitsamt den Eingeschlossenen an. Dieses Ereignis wurde wiederholt in literarischer Form aufgearbeitet. Vor Ort hält das Naturdenkmal Jammereiche die Erinnerung an diese Ereignisse wach.

Naturdenkmal Rabenkanzel:
Als steil abfallender Quarzitdurchbruch („Taunusquarzit") etwa in der Mitte der Dörfer „Bränel" (Breitenthal) und „Nirahusebach" (Niederhosenbach) ist die Rabenkanzel ein beliebter Kletterfelsen. Zum 1. Mai (Walpurgisnacht) oder zu Pfingsten trafen sich früher die Jugendlichen zum ausgelassenen Feiern hier – fernab der Familien. Egal zu welcher Jahreszeit ist die Aussicht über Wälder und Felder in jedem Fall den kleinen Kletterexkurs, den schon Kinder meistern können, wert. Höhepunkt und Belohnung der Tour ist es, sich auf dem blanken Felsen zu legen, in den Himmel zu schauen, die Sonne zu genießen und dabei den ein oder anderen Wildvogel bei seinem Flugmanöver zu beobachten. Neben dem namengebenden Raben haben auch viele Bussarde und Lerchen hier ihr Revier.

Apropos:
Für nicht Schwindelfreie bietet die kleine Lichtung am Fuß des Felsens Platz zum Verweilen oder Rasten.

13 Niederhosenbach

AUF DEN SPUREN VON HILDEGARD VON BINGEN

Hildegard von Bingen dürfte die prominenteste Hunsrückerin aus dieser Reihe sein. Geboren wurde sie im Jahr 1098 zur Zeit des ersten Kreuzzugs. Der genaue Geburtsort ist allerdings nicht belegt. Zwei Orte buhlen um diese Ehre: Bermersheim und Niederhosenbach. Letzterer war Wohnsitz ihrer adligen Eltern, Mechthild und Hildebrecht. Das Ortseingangsschild von Niederhosenbach weist auf die Familie der prominenten Tochter hin. Genau verbrieft sind ihr Todestag und -ort: Sie starb – für damalige Verhältnisse – im biblischen Alter von 80 Jahren am 17. September 1179 im Kloster Rupertsberg bei Bingen am Rhein.

Im Hunsrück sind bereits seit dem 4. Jahrhundert v. Chr. bedeutende Frauen nachzuweisen, die eine führende Rolle in Politik und Religion gespielt haben. Frauen, deren ungewöhnliche Geschichten von Mut, Stärke, Raffinesse und Macht aus der Zeit der Ritter und Burgen über die Zeit der Französischen Revolution bis in die heutige Zeit reichen.

Als zehntes Kind ihrer Eltern kommt sie mit etwa acht Jahren in die Obhut der 14-jährigen Jutta von Sponheim, Tochter des Grafen Stephan II. von Sponheim. Wenige Jahre später treten sie beide in die neu errichtete Frauenklause des Männerklosters Disibodenberg ein und werden feierlich eingeschlossen. 25 Jahre leben beide dort nach der Benediktsregel. Mit 38 Jahren gründet Hildegard ihr eigenes Koster, den Rupertsberg über Bingen, von dem oberirdisch nichts mehr erhalten ist. Auch nimmt sie sich 1165 des Klosters in Eibingen bei Rüdesheim am Rhein an, wo sich ihre sterblichen Überreste befinden.

Hildegard entwickelte sich im Laufe ihres Lebens zur einer Universalgelehrten. Sie dichtete und komponierte, widmete sich der Kräuterheilkunde und schrieb diverse umfangreiche Werke, die sich über Religion hinaus mit Medizin, Ethik und vielem mehr befassen.

Ihre Visionen sind ausführlich in der Autobiografie der Benediktinerin und Äbtissin beschrieben. Darüber hinaus unternahm sie bis ins hohe Alter Predigtreisen. Ein umfangreicher Briefwechsel von ihr mit Kaisern und Königen sowie dem Papst ist erhalten geblieben. Sie ermahnt darin, berät und fleht, denn zum Ende ihres Lebens droht ihr der Kirchenbann. Diese Schriften geben einen umfangreichen Einblick in das Leben und Denken jener Zeit.

Nach mehreren Anläufen wurde Hildegard erst 1000 Jahre später, am 7. Oktober 2012, von Papst Benedikt XVI. zur

Die Filia-Fraugengruppe als Nonnen

Heiligen erhoben, was ihr endlich die Anerkennung brachte, die sie verdiente. In Niederhosenbach weisen immerhin ein Schild am Ortseingang und eine Gedenktafel auf die prominente „Tochter" hin. Inzwischen gibt es auch geführte Pilgertouren zu dem Thema, und das Frauenforum Rhein-Hunsrück hat ein informatives Heftchen mit Frauenportraits der Hunsrückregion herausgegeben. Auf dieser Grundlage hat die Kastellauner Filia-Gruppe einige Schicksale

An der Kirche in Niederhosenbach wird Hildegard von Bingen gedacht.

besonders aufgearbeitet und setzt sie in den entsprechenden Kostümen lebendig in Szene.

Mit allen diesen Informationen im Sinn können Sie nun auf der Traumschleife Mittelalterpfad auf Hildegards Spuren wandeln.

Info

Lage: Der fast 140 Kilometer lange Pilgerweg führt von Idar-Oberstein über Niederhosenbach nach Bingen.

Geführte Wanderungen: Regina Staudt und Michael Brzoska, beide ausgebildete Pilgerführer auf diesem Pilgerweg, begleiten Sie gerne auf dem Pilgerweg; *wandern-im-hunsrueck.de*

Websites:

- *bingen.de/leben/sport-freizeit/draussen--aktiv/wandern/hildegard-von-bingen-pilgerwanderweg*
- *regio.outdooractive.com/oar-hildegardweg-naheland/de*

HINWEISE:

- Über rund 500 Jahre zwischen dem 11. und 15. Jahrhundert waren die Sponheimer Grafen eine der mächtigsten Familien im deutschen Westen. Sie regierten Burgen in Kreuznach, Sponheim, Böckelheim, Winterburg, Koppenstein, Gemünden, Dill, Starkenburg und Kastellaun. Drei bedeutende Frauen gingen aus diesem Grafengeschlecht hervor: im 11. Jahrhundert Jutta von Sponheim, die nur wenige Jahre ältere Lehrerin von Hildegard von Bingen, die mit ihr die Frauenklausnerei Disibodenberg begründete, und im 14. Jahrhundert Loretta und Elisabeth von Sponheim.
- Auf der Traumschleife Mittelalterpfad von Herrstein aus lohnt sich auch ein Abstecher in den beschaulichen Ortskern Niederhosenbachs. Das Örtchen wirbt damit, nicht nur Nationalparkgemeinde, sondern auch die Heimatgemeinde der Hildegard von Bingen zu sein.

14 Heimatort Breitenthal

TYPISCHES HUNSRÜCKDORF MIT URIGER DORFKNEIPE

Die überschaubare 320-Seelen-Gemeinde Breitenthal, genannt „Bränel", ist für mich eine Art unentdecktes Kleinod im Hunsrück und ein ultimativer Heimatmoment. Denn hier gibt es noch eine richtige Dorfgemeinschaft. Die meisten Familien leben hier seit Generationen und jeder kennt jeden.

Viele von den Älteren sind hier noch acht Jahre in die einklassige Dorfschule gegangen, die heute eine urige Dorfkneipe ist und sich nach dem Alter des Hauses „von 1840" nennt. Von der Traumschleife Mittelalterpfad ist es nur ein kleiner Abstecher nach Bränel, um vielleicht bei einem kühlen Bier mehr zu erfahren über Region und Leute.

Denkmalsäulen am Hof Kasper

Erstmals erwähnt wird der Hof Breitenthal (Breydendale) 1282 in einer Urkunde und der Übertragung des Hofes von Konrad von Schmidtburg an seinem Bruder Gottfried von Kyrburg. Eine weitere Pergamenturkunde vom 21. Juli 1318 belegt, dass Friedrich Wildgraf von Kyrburg und seine Gemahlin Agnes den Dinghof „Breydendal" an Erzbischof Balduin von Trier abtreten und als kurtrierisches Lehen zurückgeben.

Blick aus dem Stall

Wo der genau stand, kann man heute nicht mehr sagen, aber wenn Sie durch den Ort schlendern, finden Sie an der Oldenburger Straße 9 einen denkmalgeschützten Hof, der sich bis zur Dorfkneipe zieht. Achten Sie an der Ecke Oldenburgerstraße

Urige Stammtischecke in der Dorfkneipe

Omas Gartenhäuschen mit Mobilempfang

und Alte Schulstraße auf die Sandsteinsäulen unter der teilweise geschieferten Fachwerkwand.

Vor meinem nächsten Besuch in der Heimat freue ich mich schon auf die unterhaltsamen Gespräche am Stammtisch, der in einer speziellen Ecke der Kneipe steht. Stammtischler haben hier zu Ehren der ehemaligen Dorfschule an die Wände alte Klassenfotos gehängt. Zum Gelingen beigetragen hat auch der ehemalige Bürgermeister Wolfram Rieth, der ein umfassendes Archiv zur Region besitzt. Auch Sie können, wenn sie Gesellschaft mögen, die hilfsbereiten und gesprächigen Freundinnen und Freunde treffen, am Stammtisch in der ehemaligen Schule, die heute eine urige Dorfkneipe ist.

Ein Geschäft für Lebensmittel gibt es in dem kleinen Dorf zwar nicht mehr, aber wie in vielen Dörfern der Umgebung steht hier an der Hauptstraße neuerdings ein Fleisch- und Eierautomat, falls Sie sonntags mal keine Eier haben oder spontan einen „Maulwurf" (kleiner Rollbraten) auf den Schwenkgrill legen wollen.

Nachdem vor ein paar Jahren die „Gaststätte Post", die viele Jahrzehnte Veranstaltungszentrum sowie Dorfladen und Post war (wie in vielen Dörfern), geschlossen wurde, gab es hier keine Grundversorgung. Unvergessen bleibt „Hennriss", wie die Gaststätte von den Bränelern liebevoll genannt wurde, und Wirtin Linni Braun. Momentan wird neben der Dorfkneipe ein neuer Dorfladen gebaut, aber dieser wird sicher nicht so ein Heimatgefühl vermitteln.

Info

Lage: Von der Traumschleife Mittelalterpfad an der Jammereiche einfach dem Feldweg runter ins Tal nach Breitenthal folgen.

Einkehren:

- Dorfkneipe von 1840: neuerdings auch mit Außenterrasse; aktuelle Öffnungszeiten entnehmen Sie bitte der Facebook-Seite; Alte Schulstraße 8, 55758 Breitenthal, *facebook.com/pages/category/Gastropub/Anno-1840-1095895670437865*
- Genuss aus Bränel („Fleischomat"): Sascha Resch, Im Hof 5, 55758 Breitenthal, Bestellungen unter Tel. 06785 999 46 36 und 0160 670 16 96

HINWEIS: Am ersten Wochenende im Oktober wird in Bränel die Leckschmierkirb gefeiert. Dann wird von der Dorfgemeinschaft 24 Stunden lang Pflaumenmus in einem großen Kupferkessel gekocht. Ein Erlebnis für Einheimische und Gäste.

15 Die Aurora in Weiden

KLEINES DORF MIT TIEFSCHÜRFENDER VERGANGENHEIT

Kaum zu glauben, dass in der 120-Seelengemeinde Weiden einst der größte Industriebetrieb im Kreis Birkenfeld stand: die Blei- und Silbererz-Grube, kurz „Aurora“ genannt.

Bis zu 140 Menschen schürften hier zu Hochzeiten Blei, Silber, Kupfer und Zinn. Dass damals hier viel los war, davon zeugten auch vier Kneipen mit Kegelbahnen. Nach Schließung der Grube am 1. Januar 1900 entwickelte sich Weiden wieder zu einem kleinen beschaulichen Hunsrück-Dörfchen mit Landwirtschaft. Heute erinnern nur noch ein Gedenkstein und das Dorfgemeinschaftshaus „Aurora" an die einstigen Untertage-Aktivitäten.

Bereits seit dem 16. Jahrhundert sind in Weiden teils sehr erfolgreich Erze gesucht und gefunden worden. Im Dreißigjährigen Krieg kam hier jedoch – wie in vielen anderen Gruben auch – der Bergbau zum Erliegen. Mitte des 18. Jahrhunderts wurde zwischen Weiden und der Weidener Brücke, unter dem Jungwald, der Marienstollen angelegt und 1788 wieder geschlossen.

1858 wurde Friedrich von Rößler eine Konzession auf Bleiglanz unter dem Namen Aurora zugesprochen. Allerdings kam es zu keiner nennenswerten Bergbautätigkeit, und die Gemeinde Weiden vergab die Konzession an die Aktiengesellschaft Peters und Eckers aus Ostfriesland. Ein Schacht wurde abgeteuft, mehrere Strecken angelegt sowie ein Pochwerk und eine Erzwäsche gebaut. Das Erz verfrachtete man nach Braubach am Rhein, um es dort zu ver-

Picknick auf dem Stumm-Eisenhütten-Weg

hütten. Darunter silberhaltiger Bleiganz, der in einer Mächtigkeit von fünf bis 63 Zentimeter auftrat.

Für 80.000 Mark verkaufte man die Grube 1896 an W. Wünkhaus aus Bochum. Der Hauptschacht war bis dahin auf eine Tiefe von 235 Meter abgeteuft und es wurde auf zehn Sohlen abgebaut, 1900 war der Schacht weitere 70 Meter tiefer, der Abbau erfolgte auf 21 Sohlen. Die Jahresförderung betrug etwa 1100 bis 1300 Tonnen Bleierz und etwa drei bis vier Tonnen Zinkblende. Eine Tonne Bleierz brachte 137,50 Mark. Am 1. Januar 1900 wurde der Betrieb der Blei- und Silbererzgrube „Aurora" eingestellt.

Heute erinnern nur noch ein Gedenkstein und das Dorfgemeinschaftshaus „Aurora" an die einstigen Untertage-Aktivitäten.

Die Grube Aurora in Weiden um 1900

Der Gedenkplatz für die Aurora mit Stein in Weiden

Info

Anreise: Von Herrstein auf der L160 Richtung Asbach und an der Weidener Brücke rechts auf die K21 abbiegen. Nach einer scharfen Rechtskurve sehen Sie schon die kleine Kirche links oben am Berg. Das ehemalige Grubengelände lag vor dem Ortsausgangsschild auf der linken Seite in Richtung Hottenbach, aber der Schornstein stand rechts – wenn Sie rechts den Friedhof sehen, sind Sie schon zu weit. Heute erinnert nur noch ein Gedenkstein an das einstige Bergwerk. Grubengebäude und Halden sind beseitigt, und auf dem Gelände wurde ein Festplatz mit Grillhütte eingerichtet, auf der es sich gut rasten lässt auf der fünfstündigen Tour der Traumschleife „Stumm-Eisenhütten-Weg".

Unterkunft und Sonntagsfrühstück für Gäste:

- Heuherberge Faust: optimal für Familien- und Reiturlaub. Ausstellungen von regionalen Künstler*innen und Sonntagsfrühstück unter einem atmosphärischen Glasdach; Zum Dreschplatz 4, 55758 Weiden, Tel. 06785 7517, *info@ferienhof-faust.de*, *ferienhof-faust.de*

16 Der Schinderhannesfelsen

LEGENDÄRER DREH MIT CURD JÜRGENS UND MARIA SCHELL

Mitte der 1950er-Jahre wurde unter der Regie von Helmut Kräutner am sogenannten Schinderhannesfelsen gedreht. Fast jeder aus der Umgebung kann eine unterhaltsame Geschichte dazu beitragen. Ob auch Heimat-Filmregiesseur Edgar Reitz damals dabei war?

Der Film erregte schon früh Aufregung in der Region, lange vor den Dreharbeiten zur legendären Fernsehserie „Heimat". Unvergesslich für viele ältere Hunsrücker sind die Dreharbeiten der Real-Film aus Hamburg zum Spielfilm „Der Schinderhannes".

Die damaligen Leinwandstars Maria Schell (als Julchen) und Curd Jürgens (als Räuberhauptmann Johannes Bückler) waren nicht nur im Kino Publikumsmagneten, sondern zogen auch die Menschen der umliegenden Dörfer an das Filmset. Das Auftauchen der Filmcrew war natürlich „eine Uffregung" (= Aufregung, aufsehenerregend), eine Sensation, und verbreitete sich wie ein Lauffeuer.

Bei strahlendem Sonnenschein ließ sich Curd Jürgens abseilen – zur Belustigung der Dorfleute, denn das war ja nur so ein kleiner Felsvorsprung, den schon Kinder erklettern, also wozu ein Seil? Das so viel „Geschiss" gemacht wurde, verstand hier niemand. Zumal die Szene selbst im Film nicht leicht auszumachen oder zu erkennen ist.

Der Schinderhannesfelsen hieß auch schon vor dem legendären Dreh mit Curd Jürgens so.

Gegenüber vom Felsen – Natur pur

Dreimal ging meine Großtante ins Kino und sah sich den Film an – und empörte sich darüber, dass die Szene, die sie bei den Dreharbeiten bei strahlendem Sonnenschein doch selbst mitverfolgt hatte, nicht zu sehen war.

Des Rätsels Lösung ist simpel: Die aufwendige Szene fiel nicht etwa dem Schnitt zum Opfer, sondern das Bildmaterial wurde in der Nachproduktion vom sonnigen Tag ins Dunkle verkehrt. Denn bei Nacht wirkte die Kletterszene des zu verkörpernden Räuberhauptmanns eben noch dramatischer – zudem war wohl somit auch das Seil gut getarnt.

Info

Anfahrt/Angang: Gut getarnt ist der Felsen, der Filmgeschichte schrieb, und seither erst recht den Namen Schinderhannesfelsen verdient. Unwissende würden an dem unscheinbaren hellen Fels am Waldhang zwischen der Weidener Brücke und der Harfenmühle (Campingplatz bei Kempfeld) schlicht vorbeifahren: Von der Weidener Brücke auf der Deutschen Edelsteinstraße (hier L160) ein paar Hundert Meter in Richtung Kempfeld entlang und rechts nahe der Straße nach dem unauffällig hervorragenden Felsen im Wald suchen oder die Kinder erst suchen und dann klettern lassen. Der Fels ist auch auf dem Weg der Traumschleife „Stumm-Eisenhütten-Weg" zwischen Weiden und der Asbacher Hütte erreichbar.

HINWEISE:

- Inhalt des Filmes: Räuberballade nach Carl Zuckmayer. Zur Zeit der napoleonischen Besatzung treibt ein Räuberhauptmann in den Hügeln des Hunsrücks sein wohltätiges Unwesen.
- Das Schinderhannes-Lied im Film singt übrigens Maria Schell – auch das ist einmalig für die Schauspielerin.

17 Die Wildenburg

WO DIE WILDEN KERLE FEIERN UND DIE WILDEN KATZEN WOHNEN

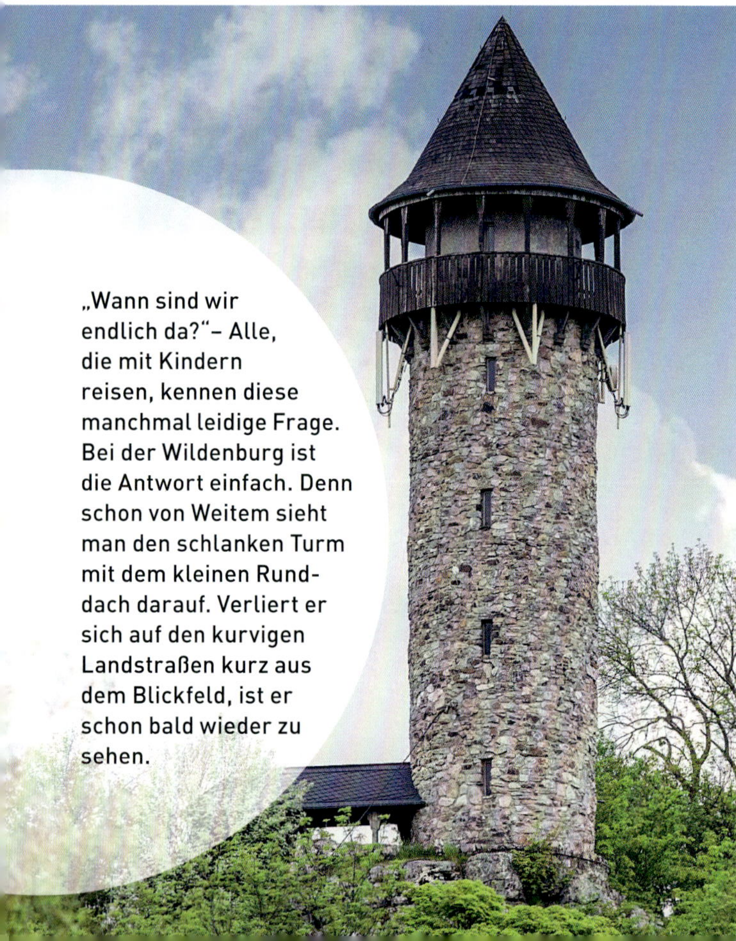

„Wann sind wir endlich da?“– Alle, die mit Kindern reisen, kennen diese manchmal leidige Frage. Bei der Wildenburg ist die Antwort einfach. Denn schon von Weitem sieht man den schlanken Turm mit dem kleinen Runddach darauf. Verliert er sich auf den kurvigen Landstraßen kurz aus dem Blickfeld, ist er schon bald wieder zu sehen.

Die Wildenburg vom Wildfreigehege aus gesehen

Von Kempfeld aus schlängelt sich dann eine zweispurige Teerstraße durch einen dichten Buchenhochwald die Anhöhe zur Wildenburg hinauf. Verfahren können Sie sich nicht. Bei 676 Metern über Normalnull geht es am Parkplatz nahe dem Aussichtsturm einfach nicht weiter.

Unterwegs können Sie den Ausflug auch spannend machen, indem Sie erzählen, dass hier früher wirklich die wilden Kerle wohnten: die Kelten. Die Reste des Keltenwalls erreichen über lange Strecken eine Höhe von sechs bis acht Metern und eine Sohlenbreite von bis zu 20 Metern. Im Toreingang links ist eine Metalltafel angebracht, die mittels eines Grundrisses eindrucksvoll die früheren Burgmauern darstellt.

Über eine steinerne Treppe gelangt man zum steinernen Aussichtsturm. Im engen Turmkörper bekommt man bald einen Drehwurm, so eng wendeln sich die Stufen ums Zentrum. Oben angekommen, genießen Sie einen spektakulären Rundblick. Die Namen der umliegenden Dörfer sind mit Richtungspfeilen auf dem hölzernen Geländer angezeigt.

Nur eine der heimischen Tierarten im Wildfreigehege der Wildenburg

Unten im Café-Restaurant bietet die vor einigen Jahren neu gestaltete Außenterrasse einen wunderbaren Blick auf die weite Landschaft. Ach, apropos: Heiratswillige können sich hier im Rittersaal das Jawort geben und hinterher hier einkehren.

Im Wildfreigehege der Burg gibt es die Möglichkeit, eine Vielzahl überwiegend heimischer Tiere aus der Nähe zu beobachten, die man in den weitläufigen Waldgebieten des Hunsrücks sonst nur mit großem Glück sehen kann. Füttern ist übrigens erlaubt.

Schon von draußen ist gut zu hören, dass hinter dem Eingang die Tierwelt wartet: Der typische Pfauenschrei ertönt, die Ziegen meckern, aber die derzeit einzige Wildkatze des Parks lässt sich bei Regen nicht sehen – einfach zu nass für Katzen heute.

Den Hirschen tut das Wetter nichts, sie sind immer da und mit ihren imposanten Geweihen immer wieder gern anzuschauen. Besonders amüsant sind natürlich die kleinen, gestreiften Wildschwein-Frischlinge zu beobachten, wie sie in der Erde wühlen und miteinander spielen. Eine Bache legt im Frühjahr bis zu zwölf

Frischlinge und zieht sie meist ohne den Keiler auf, der als Einzelgänger oft allein im Gehege unterwegs ist.

Natur pur und Tiere zum Anfassen gibt es auch überall im Gehege: Hausgeflügel, Kaninchen, Meerschweinchen sowie Schafe und Ziegen können gestreichelt und sogar gefüttert werden. Außerdem sind verschiedene Spielplätze sowie Erlebnisstationen und -touren für Familien vorhanden. Der kleine Rundweg dauert etwa eineinhalb Stunden, die größere Runde zwei bis drei Stunden – je nach Interesse und Kondition.

Info

Lage: Wildfreigehege Wildenburg, Wildenburger Straße 22, 55758 Kempfeld

Anreise: Per Bus und Bahn vom Bahnhof Idar-Oberstein mit der Buslinie 343. Per Pkw und Rad über die Deutsche Edelsteinstraße bis nach Kempfeld und dort der Ausschilderung den Berg hinauf folgen. Freies Parken auf dem Parkplatz des Wildfreigeheges.

Öffnungszeiten: ganzjährig täglich 9 bis 17 Uhr; Tel. 06786 7212, *info@wildfreigehege-wildenburg.de*

Erlebnistouren: jeden Sonntag 14 Uhr „Felsentor“ sowie „Junior-Wildkatzentour“, Anmeldung erforderlich; *nlphh.de*

Einkehr:

- Die Wildenburg als Eventlocation – da, wo die wilden Kerle heiraten – ist nur am Wochenende geöffnet.
- Im nahe gelegenen Kempfeld gibt es weitere Lokalitäten, die sich auch über Biker freuen.

Unterkunft:

- Camping Harfenmühle: Familie Koch & Caudron, Harfenmühle 2, 55758 Mörschied, *harfenmuehle.de/de/camping*

Website: *wildfreigehege-wildenburg.de*

18 Wasserschleiferei Biehl

ES KLAPPERT DIE MÜHLE AM RAUSCHENDEN BACH

Die Römer brachten die Technik nach Deutschland. Schon in seinem Reisebericht „Mosella" aus dem Jahr 368 erwähnt der römische Beamte und Dichter Ausonius erste Wassermühlen an den Nebenflüssen der Mosel. In der Wasserschleiferei Biehl in der Asbacher Hütte am Fischbach können die Besucher das Schleifen nach althergebrachten Techniken erleben.

Ernstotto Biehl demonstriert die Arbeit in seiner Wasserschleiferei.

Wann die erste Wassermühle im Hunsrück klapperte, um Steine zu schleifen, ist leider nicht belegt. Aber der Beruf des Schleifers ist etwa 500 Jahre alt. In der Hochzeit reihten sich auf der 20 Kilometer langen Fischbachstrecke mehr als 30 Schleifereien. Viele sind heute auch artfremd genutzt, beispielsweise im Bereich der Gastronomie, und tragen nur noch den ursprünglichen Namen wie die nahe gelegene Harfenmühle.

Um vorzuführen, wie die filigrane Handwerkstechnik funktioniert, sind im Gebiet der Deutschen Edelsteinstraße noch zwei Schleifereien mit Wasserantrieb im Einsatz. Eine davon ist die von Ernstotto Biehl.

Die Schleiferei in der Asbacher Hütte ist auch heute noch eine richtige Produktionsstätte. Seit vier Generationen wird hier mit der übersetzten Kraft des Mühlrades an einem Sandsteinrad geschliffen. In dem kleinen Raum riecht es nach Öl und Leder. Etwa zehn Lederriemen sind in Aktion – alles im Sinne der Transmission, der Übersetzung der Wasserkraft in Arbeitskraft und elektrische Energie.

Schleiferei Biehl

Aber erst geht es nach draußen: Ernstotto Biehl öffnet den Schieber am Wasserzulauf, sodass mehr gestautes Wasser von oben auf das Mühlrad herabstürzt. „Je nachdem welche Arbeit ich ausführen möchte und wie viel Kraft ich brauche, kann ich durch den Wasserlauf die Geschwindigkeit erhöhen, mit der die Riemen angetrieben werden, die den Schleifstein bewegen", erklärt Biehl. Dann liegt der Schleifer bäuchlings auf dem traditionellen Kippstuhl, um dem Schleifstein den zu schleifenden Achat regelrecht darzubieten. Denn die Arbeitshöhe ist Bodenhöhe – dramatisch anzuschauen in der Szene des Schleifers Fürchtegott im Film „Die andere Heimat", die auch vor Ort gedreht wurde. Drei Tage lang belagerte das Filmteam den außergewöhnlich authentischen Set. Wenn Sie vor Ort sind, achten Sie auch besonders auf die Speckschwarte, die als Achslager für die Welle am Wasserrad dient.

Die liegende Haltung ermöglicht es dem Schleifer, den zu bearbeitenden Edelstein bei Bedarf sehr fest an den rotierenden Schleifstein zu pressen. Früher standen hier drei bis vier Schleifplätze nebeneinander. Aber: Die Arbeit in Bauchlage ist unbequem für die inneren Organe, und der ungesunde Steinstaub tat sein Übriges. Schleifer wurden in der Regel nicht älter als 50 Jahre.

Mit dem Wasserrad erzeugt Ernstotto Biehl auch seine eigene Elektrizität. Über Transmission wird ein fast 100 Jahre alter Generator zur Stromerzeugung angetrieben, der 110 Volt Gleichspannung erzeugt. Sogar Original-Edinson-Glühbirnen sind hier noch in Betrieb – die sind über 110 Jahre alt – bisher musste der Siebzigjährige noch keine austauschen.

Info

Lage: Alte Edelsteinschleiferei Ernstotto Biehl, Asbacherhütte 3, 55758 Mörschied/Asbacherhütte

Anreise: über die Deutsche Edelsteinstraße

Öffnungszeiten: ganzjährig täglich 9 bis 17:30 Uhr (Mittagspause von 12 bis 13 Uhr), Mittwoch Ruhetag (außer an Feiertagen und in den Schulferien), Tel. 06786 1505, *info@alte-edelsteinschleiferei.de*

Eintritt: Erwachsene 4 EUR, Kinder/Jugendliche (6 bis 18 Jahre) 2,50 EUR, Kinder unter 6 Jahren 2 EUR; Dauer der Führung: etwa 30 Minuten. Parkplätze sind fußläufig vorhanden. Gruppen bitte anmelden.

Website Wildpark: *alte-edelsteinschleiferei.de*

HINWEIS: Wassermühlen zählen zu den ältesten von Menschen genutzten Bauwerken, die nicht durch tierische oder menschliche Muskelkraft angetrieben wurden. So sind durch Wasserkraft angetriebene Schöpfräder zur Bewässerung bereits aus dem 5. Jahrhundert v. Chr. in Mesopotamien bekannt. Aus dem 3. Jahrhundert v. Chr. sind erste Mahlmühlen mit Wasserkraftantrieb aus China belegt. Auch die alten Ägypter, Perser und später die Griechen und Römer verwendeten Wassermühlen.

19 Karl-May-Festspiele in Mörschied

IM NAMEN DES MANITOU

Egal, ob „Der Ölprinz", „Blutsbrüder" oder „Halbblut": Jedes Karl-May-Stück ist sehenswert. Die Vereinsmitglieder sind mit voller Leidenschaft dabei und dies überträgt sich auf das Publikum, egal ob jung oder alt.

Bühne frei für die Abenteuer der Indianer Nordamerikas im kleinen Ort Mörschied bei Idar-Oberstein. Seit Beginn der jährlichen Karl-May-Festspiele im Jahr 1992 hat die Welt der Apachen hier eine lange Tradition. Und die Inszenierungen kommen gut an.

Aber als die Hamburger Country-Gruppe Truck Stop 1980 sang, dass der Wilde Westen gleich hinter Hamburg beginne, da kannten sie wohl den Hunsrück noch nicht – und erst recht nicht Arnd Limpinsel. Der in Quickborn aufgewachsene 57-Jährige spielte früher als Statist bei den Karl-May-Festspielen auf den Kalkfelsen in Bad Segeberg mit. 1989 zog er eher zufällig in den Hunsrück, um einen Reitstall in Mörschied zu übernehmen. Aber schon damals hatte er die Idee, auch etwas Kreatives umzusetzen.

Der Grundgedanke rührte daher, „den Menschen der Umgebung zu vermitteln, dass Reiter auch noch etwas anderes können, als durch den Wald zu reiten und Leute zu erschrecken", lacht der gebürtige Norddeutsche. Und so kam er auf ein

Reitszene bei den Festspielen

Theaterstück zu Pferde. Die ersten beiden Jahre spielten sie Wilder Westen, dann kam 1992 Karl May dazu. Die Genehmigung des Karl-May-Verlags in Bamberg war kein Problem. Inzwischen sind die Sommerfestspiele eine Erfolgsgeschichte für die Region. Unlängst feierten die Mörschieder schon die 30. Karl-May-Aufführung. 17 Jahre davon hat Limpinsel den Winnetou gegeben.

Bei jeder Aufführung im Namen des Manitou sind bis zu 50 Darsteller auf der Bühne – hinter der Bühne sind fast noch mal so viele am Start – alle ehrenamtlich. Dazu in der Regel an die 15 Pferde, die mitwirken: Zweibrücker, Quarter Horses und andere Rassen. Alle gemeinsam bespielen sie die gesamte Bühne auf 100 Meter Breite und 25 Meter Tiefe. Das Publikum sitzt auf nicht überdachten Holzstiegen, die Darsteller spielen im Freien – bei Wind und Wetter, ob bei 30 Grad im Schatten oder bei sturzbachartigen Regenfällen, die den Hackschnitzelplatz schnell in einen Morast verwandeln. 13 Auf- und Abgänge ermöglichen ein abwechslungsreiches Spiel in der künstlichen Felslandschaft. Im Hintergrund bildet der typische Hunsrück-Mischwald eine natürliche Kulisse.

Mörschieder Burr

Passend zum Stück steht hier jedes Jahr eine andere neue Requisite im Blickfeld. Mal ist es eine Hängebrücke, mal ein Fort oder mal ein Ölturm. Bei den Bauarbeiten packen alle gemeinsam an. Welche Stücke geplant und einstudiert werden, hängt von den zur Verfügung stehenden Akteurinnen und Akteuren ab. In etwa 100 Stunden an sechs Wochenenden erarbeiten sich die Laien das Schauspiel, das dann an sechs Wochenenden auf die Bühne gebracht wird. Aber gespielt wird in jedem Fall, sagt Limpinsel auch im Namen des scheidenden Hansjoachim Klein, der hatte 30 Jahre den Old Shatterhand gespielt – durchgehend.

Info

Lage: Freilichtbühne Mörschied e. V., Karl-May-Weg 1, 55758 Mörschied

Anreise: Auf der B327 Richtung Bruchweiler auf die L159, später L160 abbiegen. In Mörschied der Beschilderung „Freilichtbühne" folgen. Navi-Adresse: Kirschweiler Straße, 55758 Mörschied

Ticket-Hotline: Tel. 0651 9790777

Website: *karl-may-moerschied.de*

HINWEISE:

- Nach einer Stunde Festspiel gibt es eine etwa 20-minütige Pause, in der normalerweise Catering angeboten wird. Danach dauert die Vorstellung noch einmal eine Stunde bis zum Applaus.
- Wenn keine Karl-May-Saison ist, bietet sich ein Spaziergang zur Mörschieder Burr bis zum Kopf der Wildenburg an. Einfach direkt nach der Reithalle/Freilichtbühne den Berg hinauf dem asphaltierten Weg folgen. Am Ende des Sportplatzes rechts steht auch ein Hinweisschild für Nordic Walking und diverse Strecken wie dem Sironaweg (M1, etwa fünf Kilometer).

20 Antik Nastran in Kempfeld

SCHÄTZE AUS VERGANGENEN ZEITEN

Unscheinbar an der Hauptstraße gegenüber der Kirche liegt die Einfahrt zu Antik-Nastran in Kempfeld. Die weißgetünchte Fassade des ehemaligen Stallgebäudes lässt nicht erahnen, welche großartige Schatzkammer sich dahinter verbirgt.

Auf drei Stockwerken tummeln und türmen sich seine Schätze bis unters Dach: von üppig verzierten Möbelstücken über ausrangierte Schaukelpferdchen und verschnörkelte Nähmaschinen bis hin zu nostalgischen Sofas, aufwendig gearbeiteten Tischen und Schränken. Viele Kuriositäten sind direkt einsatzbereit, andere warten auf ihre kunstvolle Verwandlung oder Restaurierung.

Antike Möbel und außergewöhnliche Fundstücke haben immer Saison. Wer es liebt, zwischen den charmanten Utensilien aus längst vergangenen Zeiten zu stöbern und dabei sicher auch den ein oder anderen Schatz heben kann, ist hier genau richtig – ein Geheimtipp an der Edelsteinstraße und garantiert einen Ausflug wert.

Eine massive grauweiße Holztür, mit der Ziffer „Fünf" und darunter in altdeutscher Schrift „Rauminhalt Kubikmeter 40" verziert (etwa von 1870/80), hat Otmar Nastran im alten Gefängnis in Rhaunen aufgestöbert: „Die Zahlenangabe verriet den Gendarmen, wie viele Kubikmeter Luft in der Zelle war", erklärt Nastran. Wie viele Gefangene dann in einen solchen Raum gepfercht wurden, ist aber nicht überliefert.

Auch im Vorderhaus, in dem die Familie wohnt, gibt es viel zu bestaunen: Hier strahlen bereits restaurierte Antiquitäten um die Wette aus den verschiedenen Epochen wie des Barocks, Biedermeiers oder der Gründerzeit. In einem Raum beeindrucken ungewöhnliche Bodenfliesen im aufwendigen Jugendstilmuster. Die rund zwei Zentimeter dicken Fliesen verschönerten schon den Boden, als die Familie Nastran das Anwesen vor fast 30 Jahren kaufte. „Wahrscheinlich wurden sie zusammen mit dem Hausneubau nach dem Brand von 1911 verlegt", mutmaßt er. Damals brannte die halbe Straße ab – ein Hof neben dem anderen und sogar die Kirche. „Bei über 30 Grad lief bei einem Heuaufzug der Antrieb heiß, auch das Löschen mit Jauche half nicht", erzählt Nastran. Danach wurden Wohnhäuser getrennt von Stallungen und Scheunen gebaut, so wie das Anwesen der Nastrans.

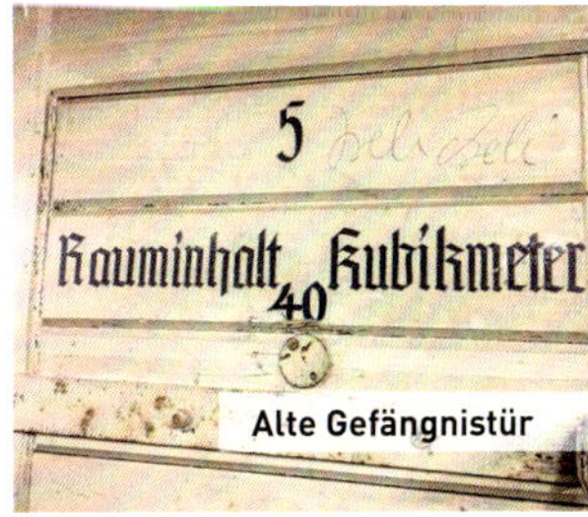

Alte Gefängnistür

Wunderschöner Boden

Info

Lage: Antik Nastran, Hauptstraße 18, 55758 Kempfeld

Website: *antik-nastran.de*

HINWEIS: Mittlerweile ist der Österreicher nur noch als Hobby-Restaurator und Schätzer tätig, aber er spricht gern über sein Faible fürs Antike und hat jede Menge interessante Geschichten parat. Private Führungen sind nach persönlicher Vereinbarung möglich. Wenn gewünscht, auch mit einer kleinen Einführung in die Kunst des Restaurierens.

21 Flugplatz Göttschied

SIERRA, ROMEO, LIMA, FOXTROTT

Bis heute hört man auf der neuen Platzfrequenz 128.360 diese Synonyme für die regionale Küche. Dabei steht „Sierra" für Schweinekamm, saftig gebraten, „Lima" für eine ganze Schweinelende, zart und mager, „Romeo" für das Roastbeef für Kenner und „Foxtrott" für zartes Rinderfilet.

Ein Flugplatz mit einer Art Geheimcode fürs dazugehörige Restaurant bei Landung – das gibt es sicher nur im Hunsrück. Bereits in den 1970er-Jahren entwickelte der damalige Wirt Günter Schicke dafür die Kürzel „Sierra", „Romeo" und „Foxtrott" für die Bestellung eines „Original Idar-Obersteiner Spießbratens" über Fliegerfunk.

Seit mehr als 30 Jahren bewirtet Helga Roßmann die Flugplatz-Gaststätte Idar-Oberstein. Sie setzt auf frische Zutaten vor allem aus der lokalen Region, wenn immer möglich bezogen von Kleinbauern aus ökologischer Landwirtschaft. Die Symbiose aus gutem, frisch zubereitetem Essen und der uneingeschränkten Anfliegbarkeit des Verkehrslandeplatzes zu den Öffnungszeiten der Gaststätte ist für Flieger und Nichtflieger unschlagbar. Aber für die Piloten auch ein besonderer Service: Denn während sie sich noch voll auf die Landung konzentrieren, brutzelt Flugleiter und Bräter Achim Keune nach der Ansage auf Frequenz 128.360 Mhz „Flight No.: 781, Total weight: 350 g" bereits das über Funk bestellte Fleisch über dem Buchenholzfeuer.

In der Gaststätte angekommen, wird der traditionelle Idar-Obersteiner Spießbraten (Sierra) klassisch mit Hunsrücker Bauernbrot und Sahne-Rettichsalat serviert. Alle Stücke haben ein Rohgewicht von 300 bis 350 Gramm. Auf Wunsch werden auch Pommes Frites, Kroketten, Bratkartoffeln oder Folienkartoffeln mit Rahmquark zubereitet.

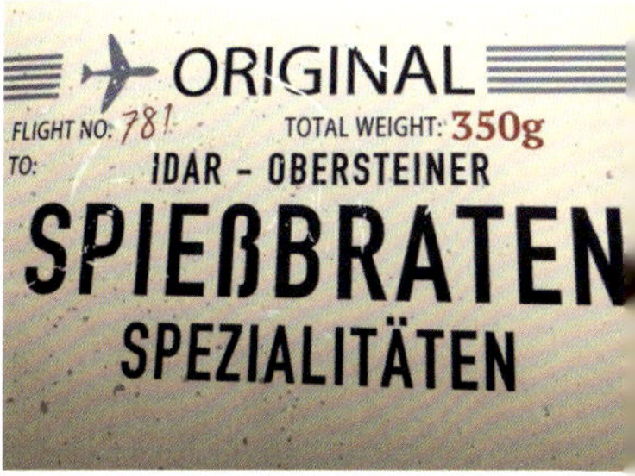

Die Aussicht aus dem Biergarten und der Gaststätte bis hin zu dem markanten Turm der Wildenburg ist auch für alle, die nicht in die Luft abheben wollen, ein tolles Erlebnis. Besonders spektakulär sind die wunderschönen Sonnenuntergänge.

Info

Lage: Flugplatz-Gaststätte, Flugplatzstraße 20, 55743 Idar-Oberstein

Anreise: Direkt hinter Idar den Berg hinauf über den Ortsteil Göttschied, gut ausgeschildert.

Öffnungszeiten: Dienstag bis Sonntag 11 bis 21 Uhr. Montag Ruhetag (außer an Feiertagen). Letzte Spießbraten-Rost-Runde bis 20:30 Uhr; Tel. 06781 22501, *info@flugplatz-gaststaette.de*

Website: *flugplatz-gaststaette.de*

HINWEIS: Zum achten Mal hatte das Fliegermagazin am 11. April 2019 die Fliegermagazin-Awards verliehen. Mit der bronzenen Trophäe in Form eines Papierfliegers wurden die besten Produkte und Anbieter der Allgemeinen Luftfahrt in neun Kategorien ausgezeichnet. In der Kategorie „Beste Gaststätte auf einem Flugplatz" votierten die Leser des Magazins eindeutig für die Flugplatz-Gaststätte mit Wirtin Helga Roßmann.

22 Antiquariat in Sonnschied

ÜBERNACHTEN IM ROMANTIKZIMMER

Sonnschied – ein wunderbar klangvoller Name für das beschauliche Hunsrückdörfchen. Das 100 Jahre alte Landhaus an der Hauptstraße mit seiner verzierten Tür sticht besonders hervor und zählt zum Kulturgut des Kreises Birkenfeld.

Peter Gerlach in seinem Element

Im Inneren stapeln sich auf drei Etagen mehrere Tausend Bücher, die zum Störbern nach Herzenslust einladen, säuberlich sortiert nach Region, Geschichte oder vielen weiteren Interessensgebieten. Alle zusammengetragen vom Sammler Peter Gerlach, der sich hier ganz seiner Leidenschaft widmen kann.

Inzwischen sind es mehrere Tausend Bücher, die sich im Antiquariat vom Boden bis zur Decke in vier Räumen auf drei Etagen stapeln. Hinzu kommen die aus dem Bereich Jugendliteratur im Treppenhaus, seine persönliche Bibliothek und die Bücherwände im Romantikzimmer. Immer wieder hängen auch antiquarische Bilder dazwischen wie die Erinnerung eines Soldaten an das 23. Regiment in der Kaiser- und König-Zeit. Auf einem Zeitungsständer finden sich alte Zeitungen aus aller Welt wie die „Telos" oder die „Straßburger neueste Nachrichten". Zu seinen persönlichen Schätzen zählen eine über 100 Jahre alte Kirner Zeitung, Ausgaben des „Simplicissimus" sowie viele Illustrierte aus der Vorkriegszeit. Egal, was Sie zur Region oder Geschichte suchen, Peter findet mit einem schnellen Griff die richtige Lektüre.

Seine Frau ist eine gebürtige Sonnschiederin. 1980 kauften sie das schöne Haus in Sonnschied, und nach der Übergabe ihres Haarstudios an die nächste Generation verlagerten sie 2002 das bisher nebenbei betriebene Antiquariat hierher. Damit alle den Weg zu ihnen und all den Büchern finden, malte Peter sein erstes

Romantischer Eingang

hölzernes Hinweisschild „Antiquariat" selbst und stellte es an der Brücke am Hahnenbach auf. Doch zwei Straßenarbeiter brachten es zurück mit dem kopfschüttelnden Hinweis, da könne ja jeder kommen. Sollte ja auch. Deshalb stellte Gerlach einen Antrag, und nach einem längeren bürokratischen Hin und Her und mithilfe des damaligen engagierten Sonnschieder Bürgermeisters Horst Elz klappte die Sache dann auch. Seither wirbt ein braunes, metallenes Hinweisschild für dieses außergewöhnliche Antiquariat.

Ehefrau Heidi, selbst leidenschaftliche Malerin, die die Sammelleidenschaft ihres Mannes unterstützt, kam dann auf die gute Idee, dass es vielleicht Gäste gäbe, die gern länger mit ihrem Peter über Bücher und Geschichten fachsimpeln wollten. Mit viel Liebe zum

Frühstücken wie die Könige

Detail richtete sie ein Romantikzimmer ein, in dem zwei Personen umgeben von Literatur bequem über Nacht bleiben können. Das Frühstück serviert sie in einem schmuckvoll eingerichteten Salon mit Panoramablick auf die idyllische Landschaft bis zum Idarkopf oder draußen im mediterranen Garten. Aber auch, wenn Sie nicht hier übernachten, können Sie auf einer der schönen Sitzgelegenheiten die Ruhe und die Natur ringsherum genießen. Einfach klingeln – und staunen!

Grandiose Aussichten

Info

Lage: Antiquariat Gerlach, Hauptstraße 12, 55758 Sonnschied

Anreise: Mit dem Rad oder Pkw von der E42 auf die L182 abbiegen und dann die K28, die Hahnenbachstraße, den Berg hinauf. Wandernd über den Saar-Hunsrück-Steig (14. Etappe).

Öffnungszeiten: einfach klingeln, wenn Gerlachs da sind, ist geöffnet.

Übernachten im Antiquariat: im Romantikzimmer mit Büchern bis unter die Decke. Achten Sie auf das schmuckvoll restaurierte Deckendekor in der Küche im Erdgeschoss; Tel. 06785 7055, *antiquariat.gerlach@myquix.de*

Einkehr:

- Forellenhof Reinhardtsmühle: Empfehlenswert ist neben den Forellen die Whisky-Auswahl! Reinhardtsmühle 1, 55606 Rudolfshaus, *hotel-forellenhof.de*

Die Wasserburg Baldenau

Idarwald und Dhrontal

23. Café Heimat in Morbach: die Heimat der Heimat
24. Burgruine Baldenau in Hundheim: die einzige Wasserburg im Hunsrück
25. Lamas und Alpakas in Rapperath: Wanderungen zum Glücklichmachen
26. Die Stumm-Stube in Sulzbach und der Stumm-Orgelweg
27. Stipshausen am Idarwald: kleines Dorf mit Skulpturenpark zur Völkerverständigung
28. Die Synagoge in Laufersweiler: Zentrum eines einmaligen Erinnerungsensembles
29. Die Traumschleife Kappleifelsen-Tour: auch ein Weg der Erinnerung

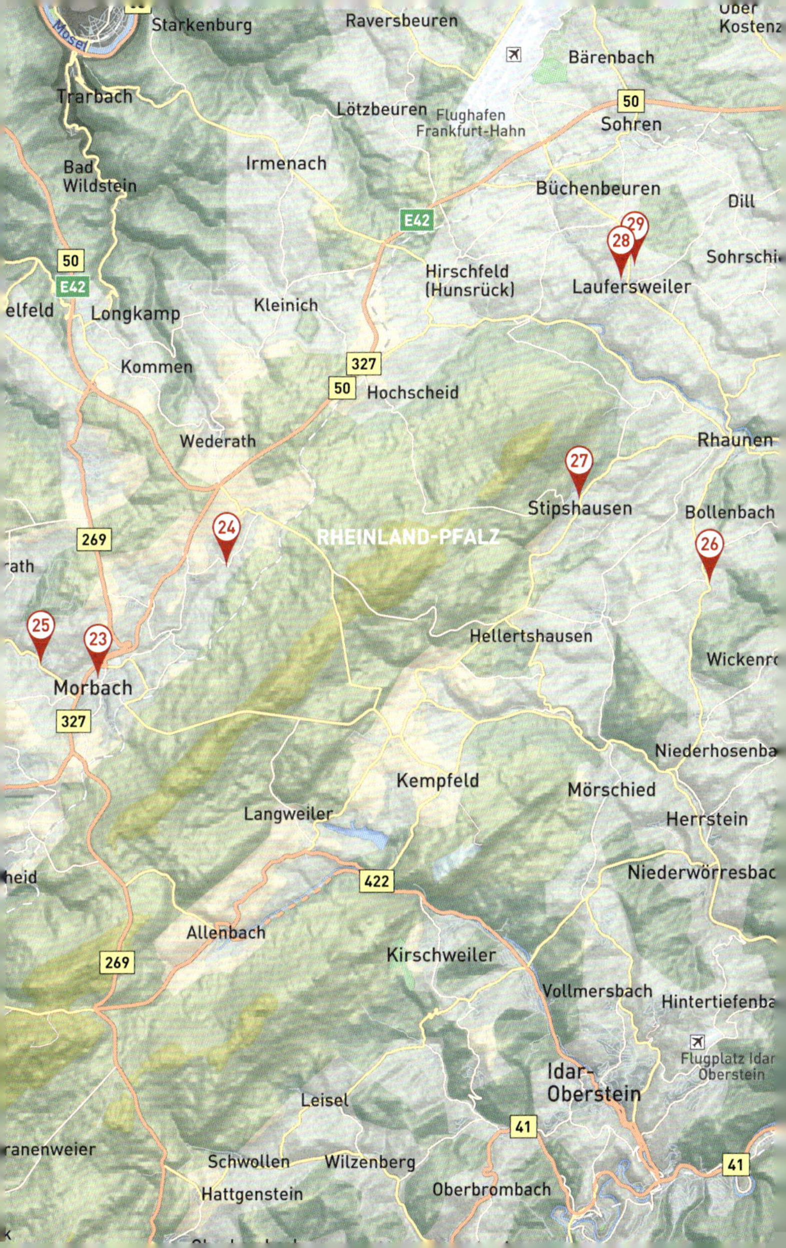
Mosel
Starkenburg
Raversbeuren
Bärenbach
Trarbach
Lötzbeuren
Flughafen
Frankfurt-Hahn
50
Sohren
Irmenach
Bad
Wildstein
Büchenbeuren
Dill
E42
29
28
50
E42
Hirschfeld
(Hunsrück)
Laufersweiler
Kleinich
Longkamp
Kommen
327
50
Hochscheid
Rhaunen
Wederath
27
Stipshausen
Bollenbach
24
269
RHEINLAND-PFALZ
26
25
23
Hellertshausen
Morbach
327
Kempfeld
Mörschied
Langweiler
Herrstein
422
Allenbach
269
Kirschweiler
Vollmersbach
Idar-
Oberstein
Leisel
41
Schwollen
Wilzenberg
41
Hattgenstein
Oberbrombach

23 Café Heimat in Morbach

DIE HEIMAT DER HEIMAT

Die Älteren unter Ihnen werden sich vielleicht erinnern: Schon die „Heimat-Trilogie" (ab 1984) war ein Straßenfeger und setzte dem Hunsrück ein Denkmal. Aber in seinem vierten Heimat-Werk „Die andere Heimat" platzierte der bekannte Filmemacher Edgar Reitz besondere Akzente – auf deren Spuren Interessierte nachhaltig wandeln können.

Wahrscheinlich der kleinste Kinosaal der Welt

Mit dem Kinostart des Films 2013 eröffnete das Café Heimat, das sich gut zum Einstieg in die Heimat-Filmmaterie eignet.

Denn hier, in der Biergasse 5 in Morbach, wurde der Filmemacher 1932 als Sohn eines Uhrmachers als eines von drei Kindern geboren. Es zog in ihn über Simmern bis nach München, um ein bekannter Dokumentarfilmer zu werden. Auf Initiative seines Sohnes wurde zur Filmpremiere „Die andere Heimat – Sehnsucht einer Chronik“ 2013 das Elternhaus als Café und Museum eröffnet.

In der oberen Etage des Hauses, rund um die ehemalige Küche, können Kinogänger interessierte Einblicke in die Arbeit hinter den Kulissen erhalten. So drehte Reitz den vierten Teil besonders aufwendig. Wieder unter Mitarbeit des legendären Kameramanns Gernot Roll (1939 bis 2020; Das Mädchen Rosemarie,

Kino und Café Heimat bei Nacht

Die Manns, Der Mann mit dem Fagott) wurde erst in HD-Color gedreht, danach wurden alle Bilder einzeln Schwarz-Weiß coloriert – nur ein paar Elemente in besonderen Szenen wurden erneut mühsam kunstvoll in Grün, Rot, Weiß und Blau gefärbt.

Hinter einzelnen Szenen steckt auch eine Hommage an den Kulissenbauer Anton („Toni") Gerg (1965 bis 2012), der kurz nach Beginn der Dreharbeiten im April 2012 starb. Für die Kulisse „Die andere Heimat" hatte das Team von Gerg ein ganzes Hunsrückdorf im Stil der Mitte des 19. Jahrhunderts umgebaut – und das, während viele Bewohnerinnen und Bewohner (siehe Tipp 35, Seite 170 „Auf den Spuren der Heimat") weiter hinter den Kulissen wohnten. So hatte Gerg wohl selbst am Vorabend seines Todes eine markante Wand im Haus der Filmfamilie Simon blau gestrichen, bevor er in der Nacht überraschend verstarb. Nun sticht diese blau colorierte Wand dem Publikum als Reminiszenz ins Auge. Später im Film schwenkt die Kamera über den Friedhof von „Schabbach" und fokussiert einen Grabstein mit dem Namen Toni Gerg. Eine dritte Erinnerung entdeckt der aufmerksame Cineast schließlich im Dialog einer ganz außergewöhnlichen

Szene: Die lungenkranke Mutter Margarethe Simon (gespielt von Marita Breuer) wird wegen ihrer Atemnot von ihren Söhnen Jakob und Gustav auf einem Stuhl sitzend wie auf einer Sänfte zum Rand des riesigen Flachsfeldes getragen. Während sie die gesunde Luft inhaliert, erscheinen ihr ihre verstorbenen Kinder in einer Vision. Als erstes nennt sie den „Toni, der tot in seinem Bett gelegen hat".

Nun kennen Sie einige der – wenn auch dramatischen – im Film versteckten Hinweise. Auch das Café Heimat ist eine einzige Hommage an das Leben und Arbeiten des Filmemachers und soll Sie zum Entschleunigen verführen. Morbach gilt übrigens als Luftkurort und im Café Heimat ist Slowfood angesagt.

Info

Lage: Café Heimat, Biergasse 5, 54497 Morbach

Anreise: Über die Hunsrückhöhenstraße (B327) nach Morbach und dann ins Zentrum. Besonders eindrucksvoll ist die Fahrt über die schnurgerade L160 durch den Wald von Bruchweiler aus. Kostenfreies Parken auf dem Parkplatz an der Kirche, von dort etwa 100 Meter zum Café Heimat.

Website: *cafe-heimat-morbach.de*

HINWEISE:

- Seit 2019 gibt es ein kuscheliges Kino für 30 Gäste – das kleinste Kino in Rheinland-Pfalz.
- Unbedingt einkehren: Auch wenn kein Kinoprogramm läuft, ist die Kaffee-Auswahl und die Heimat-Ausstellung im oberen Bereich des Hauses sehenswert; Tel. 06533 9588203, *heimat@mondodelcaffe.de*
- Beachten Sie auch die überdimensionale Fototapete im Erdgeschoss mit der Filmszene, die auf der Burg Baldenau (siehe Tipp 24, Seite 122) gedreht wurde – vielleicht ihr nächster Stopp?

24 Burgruine Baldenau in Hundheim

DIE EINZIGE WASSERBURG IM HUNSRÜCK

Schon der erste Blick aus der Ferne auf die Ruine ist beeindruckend. Ringsum Wald – und plötzlich ragt ein riesiger Turm mit einem Durchmesser von zehn Metern aus einer Art Senke empor. 25 Meter ist der massive und runde Turm hoch, einer der höchsten im Hunsrück.

Auch der Grundriss der alten Burganlage ist sehr speziell. Vom runden Turm aus an der Spitze erstreckt sich die Anlage keilförmig über etwa 50 Meter Länge und 20 Meter Breite. Ziemlich gigantisch für den beschaulichen Hunsrück. Und erstaunlich zugleich – auf dem Plateau angekommen, befinden wir uns auf einer Höhe von immerhin 481 Metern.

Gebaut wurde die Burg mit ihrem imposanten Turm um 1320 von Balduin, dem damaligen Kurfürsten und Erzbischof von Trier, als Zeichen für Macht und Besitz. Im Dreißigjährigen Krieg zerstört und wieder aufgebaut, demolierten dann die französischen Truppen des Sonnenkönigs Ludwig XIV. die Burg endgültig zur Ruine.

Rund um die Burg verläuft ein schützender Wassergraben. Wo in früheren Zeiten die Ritter über eine Zugbrücke sicher in die Burg gelangten, schlendern wir heute über einen kleinen Holzsteg in die einzige Wasserburg im Hunsrück. Der Graben wird gespeist aus einem Bach, dem Kleinen Dhron, der wiederum aus einem Moorgebiet entspringt. Rechts begrüßt von einem sogenannten Pranger finden wir direkt an der Burgmauer den Hinweis auf die legendäre Szene im

Balduin, der Erbauer der Burg

Wer gehört hier an den Pranger?

Auf dem Weg zur Burg

Hier kann man die Argo-App anwenden.

Die Sinnesbänke sind auch bei Tieren zur Entspannnung beliebt.

Film „Heimat 1". In dieser Schlüsselszene beschreibt der Regisseur und Autor, wie das Radio in die entlegenen Hunsrückdörfer Einzug hielt. Der Ausschnitt handelt davon, dass es einem der Darsteller durch technisches Geschick und einem langen Draht gelingt, einen Empfang herzustellen, um für die Anwesenden im Film ein Live-Konzert aus dem Kölner Dom zu übertragen. Die Schilderung geht zurück auf ein Kindheitserlebnis des Filmemachers. Sein Vater, gelernter Uhrmacher, soll in einer Nacht einen „Einröhren-Empfänger" gebaut haben.

Heute ist hier im Sommer nur das friedliche Summen der Bienen, das Gezwitscher der Vögel und das Geschnatter der Gänse und Enten zu hören. Die gefiederten Wassertiere lieben es übrigens, auch die Ruine als ihr Zuhause anzusehen und die bequemen Sinnesbänke zu nutzen – gut erkennbar an den ausgeschiedenen Überresten ihrer Nahrung und herumfliegenden Federn.

An einem Steg hinter der Burgruine sammelt ein roter Briefkasten „Post für Hermann" (einen der Heimat-Hauptdarsteller). Interessant, was Menschen in so ein „Gipfelbuch" schreiben. Schauen Sie mal hinein und lassen Sie sich vielleicht zu persönlichen oder poetischen Zeilen verleiten, die Sie hinterlassen möchten.

Postkasten für Hermann

Info

Lage: 54497 Morbach-Hundheim

Anreise: Von der Hunsrückhöhenstraße (B327) auf die K122 Richtung Hundheim, dann der Beschilderung folgen. Durch eine wunderschöne Allee mit Lindenbäumen geht es direkt zum Ziel. Parkplätze sind vor Ort vorhanden.

HINWEISE:

- Die Ruine ist Teil der Traumschleife „LandZeitTour" des Saar-Hunsrück-Steigs. Mit Schautafeln werden wichtige Etappen der Geschichte von der Römerzeit bis zur Gegenwart skizziert. Besonders anschaulich sind die lebensgroßen Figuren des Holzkünstlers Jonas Herrmann aus Allenbach, mit der Motorsäge geschnitzt, die zu jedem Ort die Landschaft zu der Zeit einordnen; *saar-hunsrueck-steig.de/traumschleifen/landzeittour*
- Besonders spannend ist hier die Nutzung der ARGO-App, mit der die Größe der einstigen Burg sichtbar wird. Innerhalb der Burg funktioniert die App nicht.

25 Lamas und Alpakas in Rapperath

WANDERUNGEN ZUM GLÜCKLICHMACHEN

Früher galten Lamas und Alpakas bei uns als spuckfreudig und wurden daher lieber auf Abstand gehalten. Völlig zu Unrecht: Im Hunsrück gilt das einträchtige Wandern mit Alpakas und Lamas als Nonplusultra zur Stressbewältigung.

Die Tiere aus den südamerikanischen Anden strahlen eine Ruhe und Gelassenheit aus, die sich direkt auf die Menschen überträgt – so sie denn offen dafür sind. So wird Wandern mit den Tieren zur Entschleunigung pur. Der Puls geht runter; die Chance steigt, sich selbst wiederzufinden, die reinste Therapie.

Die Alpaka-Damen Bambi, Romy, Steffi

Lamas sind schon lange domestiziert als Begleiter des Menschen unterwegs und gelten als entspannte Langschläfer. Demgegenüber gelten Alpakas eher als scheu gegenüber Menschen, schließlich wurden sie auf den Weiten der Anden für die Wollerzeugung gehalten und nur einmal im Jahr zum Scheren zusammengetrieben. In Rapperath sind meist acht bis zehn Tiere in einer Herde, momentan fünf Alpakas und vier Lamas, also optimal für Gruppen-Treckingtouren.

Wooly-Lama Lollipop

Auf dem Hof bei Morbach tragen die Andentiere so fantasievolle Namen wie Lollipop, Blia oder Bambi, Akira und Naila – offenbar alles Mädchen, aber aus unterschiedlichen Rassen: Es gibt Wooly-Lamas, Suri-Lamas und Suri- und Huacaya-Alpakas – sie unterscheiden sich maßgeblich durch das Vlies.

„Das Wooly-Lama Lollipop hat ein Fell wie ein Teddybär", erklärt Hofbesitzerin Anna Gorges. Zudem ist es groß in der Statur und vom Temperament her eher gemächlich. Huacayas wie das reh-

Lama Akira

Neugeborenes Alpaka

braune Bambi haben auch ein dichtes, einheitliches Vlies aus feiner Unterwolle mit einem äußerst geringen Anteil an sehr feinen Grannenhaaren – beide Rassen wurden ja auch auf Wolle gezüchtet.

Auffällig anders sind die lässigen Suris wie Naila mit ihrem stark seidig glänzenden Vlies. Die seidigen Locken sind weich und tendenziell lang – wenn man es nicht scheren würde, würde das Fell auch bis zum Boden wachsen. „Nach dem Scheren sieht man erst, wie zart die Tiere unter der Wolle sind", weiß Anna, die sich zusammen mit ihrem Mann schon immer für Tierhaltung interessierte und etwa 2016 ihr Interesse für Lamas entdeckte. Von den etwa 1000 seltenen Suris, die in Deutschland leben, sind nun zwei Exemplare in Morbach zu Hause.

Seit 2018 bieten Torsten und Anna Gorges mit ihren Söhnen Leno und Felix sowie ihren vierbeinigen Begleitern Touren für Gäste an – und für jeden ist ein passendes Tier dabei. Vor dem Start gibt Anna ein paar hilfreiche Anweisungen. So sollte man schon aus Eigenschutz nicht hinter den Tieren stehen oder sie gar von hinten anfassen. Dann geht es direkt zur Weide, wo Anna die Tiere und deren Lebens- und Herdengewohnheiten vorstellt. Dort lernen Sie die kuscheligen Wanderbegleiter näher kennen und erfahren Wissenswertes über Haltung, Pflege und Charakter der besonderen Tiere. „Die Reservierung eines Tieres ist nicht möglich. Wir schauen vor Ort, wie Mensch und Tier zueinander passen, denn die Chemie muss stimmen. Lamas und Alpakas sind sensibel und ehrlich und spiegeln den Menschen", sagt Anna Gorges, die die Tandems zusammenstellt. Viele Gäste haben danach das Gefühl, dass sie ihrem Lama oder Alpaka nähergekommen sind – und die einfühlsamen Tiere, so sagt man, dem Menschen auch – und das macht glücklich.

Lollipop und Bambi

Info

Lage: Am Börnchen 1, 54497 Morbach-Rapperath

Anreise: Über die Hunsrückhöhenstraße (B327), dann bei Morbach auf die K80 abbiegen. Direkt am Ortseingang Rapperath geht es kurz den Berg hinauf zu den mit Lamas gekennzeichneten Parkplätzen.

Führungen: Bei der eineinhalbstündigen Schnuppertour folgt nach der Einführung eine kurze etwa halbstündige Wanderung, geeignet für Kinder ab 6 Jahren; pro Person (ab 13 Jahre) 16 EUR, Kinder (6 bis 12 Jahre) 14 EUR; Terminvereinbarung unter Tel. 0151 11616407, *luckylamawanderungen@gmx.de*

Unterkunft:

- 2tHeimat: Am Kirschbaum 55-57, 54497 Morbach, Tel. 06533 93950, *landhausamkirschbaum.de*

Website: *luckylama-morbach.de*

HINWEIS: Zur Erinnerung an den kuscheligen Wanderspaß können warme Socken, Einlegesohlen, Mützen, Stirnbänder, Alpaka/Lamakeratin-Seifen und vieles mehr erworben werden.

26 Die Stumm-Stube in Sulzbach

UND DER STUMM-ORGELWEG

Im beschaulichen Hunsrückdorf Sulzbach bei Rhaunen wandelte sich Anfang des 18. Jahrhunderts die Familie Stumm von eingesessenen Ackerern und Schmieden zu Orgelbauern und Hüttenbetreibern. Heute erinnern die Stumm-Stube in Sulzbach und der Stumm-Orgelweg an die Orgelbauerdynastie.

Orgelbauer galten im 18. Jahrhundert als Meister der Innovation. Mit einem von Holzkohle betriebenen Lötkolben die aus feinem Zinn bestehenden Pfeifen zu löten, galt als wahre Kunst.

Der jüngste Sohn Johann Michael Stumm (1683 bis 1747) entwickelte sich vom Bauernsohn über den Beruf des Goldschmieds zum Orgelbauer. Nach einer Lehre als Schmied und Goldschmied errichtete der 33-Jährige seine erste eigene Orgelbauer-Werkstatt 1715 in Sulzbach und wurde fortan „Pfeifenmichel" genannt. All das erzählt Inge Klingels vom Stumm-Orgelverein bei der Führung durch die mit viel Liebe zum Detail eingerichtete Stumm-Stube in Sulzbach.

Es war der Beginn einer über sechs Generationen reichenden Orgelbauertradition, in der von den Familienmitgliedern der Stumms fast 400 Orgeln, die „Königinnen der Instrumente", gebaut wurden. Von den Instrumenten, die seither gefertigt wurden, ist noch der größte Teil erhalten und erklingt bis heute in den vorwiegend linksrheinischen Kirchen von Köln bis Karlsruhe und von Luxemburg bis Amorbach. Die wohl bekannteste Stumm-Orgel ist die in der Paulskirche in Kirchheimbolanden, die sogenannte „Mozartorgel", da Wolfgang Amadeus Mozart (1756 bis 1791) auf ihr 1778 gespielt haben soll.

Die sogenannte „Mozart-Orgel" in Kirchheimbolanden

Die größte Stumm-Orgel thront in der evangelischen Abteikirche zu Amorbach im Odenwald. Sogar bis zu Katharina der Großen soll die Kunde von den Hunsrücker Orgelbauern vorgedrungen sein. Die Orgel in der evangelischen Kirche in Rhaunen von 1723 ist die älteste erhaltene von Johann Michael Stumm erbaute Stumm-Orgel. Die letzte von ihm erbaute Orgel gibt es in Sulzbach zu bewundern. Ein Jahr vor seinem Tod 1746 schenkte der „Pfeifenmichel" sie seiner Heimatgemeinde. Die letzte Orgel der Orgelbauerdynastie wurde 1896 mit einem Kuhgespann über die Hunsrückhöhen nach Niederhosenbach geliefert.

Die größte Stumm-Orgel thront in der Abteikirche in Amorbach.

Der Stumm-Orgelverein Rhaunen-Sulzbach von 1975 e. V. hält die Geschichte der Stumm-Orgeln wach. Schon seit den 1980er-Jahren veranstaltet der Verein Stumm-Orgel-Wandertouren.

Manche Orgel sprengt fast den Kirchenraum.

Seit 2012 verbindet der Stumm-Orgel-Weg sechs der Orgeln in der Verbandsgemeinde Rhaunen. Mit nur 14 Kilometern (etwa vier Stunden Gehzeit und um die 200 Meter Höhenunterschied) ist er zwar nur eine kleine Traumschleife des Saar-Hunsrück-Steigs, lockt aber mit einem besonderen Klangerlebnis. Denn hier gibt es im wahrsten Sinne des Wortes was auf die Ohren: Orgelmusik. Auf dem Stumm-Orgel-Weg ist diese Musik an ausgewählten Stellen des Weges auf Informationstafeln mittels

Infotafel mit QR-Code zum Herunterladen von Stumm-Orgel-Melodien

QR-Code abrufbar. Es empfiehlt sich aber die unterschiedlichen Orgelmelodien vorab aus der Audiothek auf einen MP3-Player oder das Mobiltelefon herunterzuladen, um sie dann vor Ort zu genießen.

Info

Lage: Hauptstraße 37a, 55758 Sulzbach

Öffnungszeiten: Bitte Inge Klingels, Zum Hügel 2, 55758 Sulzbach, Tel. 06544 1390 kontaktieren; weitere Anfragen an Stumm-Orgelverein Rhaunen-Sulzbach von 1975 e. V., *info@stumm-orgelverein.de*

Websites:

- *stumm-orgelverein.de*
- *saar-hunsrueck-steig.de/traumschleifen/stumm-orgel-weg*

HINWEISE:

- Auf Höhe des gut ausgeschilderten Freibads Idarwald an der L162 von Rhaunen nach Stipshausen startet das offizielle Wanderportal des Stumm-Orgel-Wegs. Denn hier gibt es nicht nur ausreichend Parkplätze, sondern am Ende der Tour im Sommer lockt ein erfrischendes Bad im Freibad. Nur noch den Rhaunelbach über eine kleine Brücke queren und schon stehen Sie am offiziellen Beginn des Rundwanderwegs.
- Aus selbiger Familie Stumm in Sulzbach ging zudem eine Eisenhüttendynastie hervor, mit der sich die nahe gelegene Traumschleife „Stumm-Eisenhütten-Weg" befasst.
- Nicht Teil der Traumschleife ist die evangelische Pfarrkirche in Schauren. Wie in Stipshausen ist die Holzdecke mit farbenfrohen Ornamenten bemalt. Stichwort Bauernbarock. Die Orgel, eingerahmt in ein Rokoko-Gehäuse von 1780, stammt aus der Sulzbacher Stumm-Orgelwerkstatt und ist auch unbedingt sehenswert.

27 Stipshausen am Idarwald

KLEINES DORF MIT SKULPTURENPARK ZUR VÖLKERVERSTÄNDIGUNG

Ringsum malerische Naturlandschaften und den Idarkopf stets in Sichtweite – hier liegt der kleine Ort Stipshausen, von den Einheimischen kurz „Stipse" genannt. Nur knapp 1000 Einwohner zählt der staatlich anerkannte Luftkurort.

Skulpturenpark Stipshausen: drei Phasen und Memoria

Auf den ersten Blick ist es ein Dorf wie viele andere im Hunsrück mit einer Hauptstraße, einer Schulstraße, einem Sportplatz und einigen Dorfvereinen, die Tradition pflegen und gern gesellig zusammen sind. Doch der erste Blick täuscht. In Stipse sind ein jüdischer Friedhof und außergewöhnliche Kunstwerke zu Hause, die das Anschauen unbedingt lohnen. Außerdem spielen Ziegen hier eine besondere Rolle.

Der jüdische Friedhof am Waldrand hinter dem Skulpturenpark

In vielen Hunsrückdörfern erinnert nicht mehr viel an jüdisches Leben. Dabei lebten viele jüdische Familien seit dem 11. Jahrhundert hierzulande. Sie arbeiteten als Landwirte, Viehhändler oder als Textil-, Schuhhändler, Wirtsleute, Bäcker oder Metzger. Um 1800 lebten etwa 90 Prozent der Juden im deutschsprachigen Raum auf dem Lande. Zwischen Rhein, Mosel, Nahe und Saar lag der Anteil der jüdischen Bevölkerung sogar bei 20 Prozent. Angeblich galten sie „nur" bis 1919 als „Bürger zweiter Klasse", doch dann kam die NS-Zeit.

Gedenkstein

„Flame of Hope“

Auch in Stipshausen waren viele Familien bis zum Beginn des Naziregimes zu Hause. Aber anders als anderswo blieben hier die Relikte jüdischen Lebens im Hunsrück erhalten. Nahe der Schulstraße befindet sich der jüdische Friedhof, der in der Mitte des 19. Jahrhunderts angelegt wurde. Die älteste Grabplatte im neugotischen Stil stammt aus dem Jahr 1868, über ein Dutzend Grabsteine sind noch erhalten. Die letzten jüdischen Familien haben Stipshausen 1938 verlassen. Neben den Grabmälern erinnert auch ein erster Stolperstein an die früheren jüdischen Mitbürger, der im ehemaligen „Judeneck“ für Simon Meier in der Nähe des Gasthauses Jung verlegt wurde. Seit 2019 gibt es außerdem einen Gedenkstein im Skulpturenpark für die Opfer des Naziregimes aus Stipshausen.

Am nordwestlichen Waldrand von „Stipse“ entwickelt sich seit den 2000er-Jahren ein ganz besonderer Ort, der Skulpturenpark Stipshausen, der längst internationales Renommee erreicht hat. Initiiert wurde der Park von „Edelsteinpapst“ Bernd Munsteiner, dem früheren ehrenamtlichen Vorsitzenden (1990 bis 2015) des örtlichen Geißenvereins. Aktuell beheimatet der Skulpturenpark 13 Werke von namhaften regionalen, aber auch von nationalen und internationalen

Künstlern und Künstlerinnen. Die meisten von ihnen hatten zuvor an der alle zwei Jahre stattfindenden Hausausstellung des Munsteiner-Ateliers in der gegenüberliegenden Wiesenstraße teilgenommen und im Anschluss eine Skulptur für den nahe gelegenen Park gestiftet. Für die dazugehörenden Nebenarbeiten wie das Errichten von Fundamenten oder Sockeln kam der örtliche Geißenverein von 1974 e. V. auf. Der wurde in der sogenannten „Geißenhochburg beim Dicken Hännes" zur Erhaltung der „weißen Saanengeiß", des Brauchtums und besonders zur Pflege der Kultur und der Dorfgeselligkeit gegründet – das Ziel wurde offensichtlich erreicht.

Info

Lage: Skulpturenpark Stipshausen, am Waldrand von 55758 Stipshausen, wo die Wiesenstraße auf die Schulstraße trifft.

Website: *geissenverein-stipse.de*

HINWEISE:

- Umgeben von alten Laubbäumen fügen sich die Skulpturen aus Granit, Holz oder Hunsrückschiefer in die Natur ein. Alle Kunstschaffenden eint, dass sie einen Beitrag zu Völkerverständigung und Frieden leisten möchten.
- Seit Mai 2019 erinnert zudem ein Gedenkstein an vier ehemalige jüdische Mitbürger, die dem Naziterror zum Opfer gefallen sind. Weitere 15 Namen benennen die Opfer, die das Dorf gerade noch rechtzeitig verlassen und ihr Leben retten konnten. Deren Nachfahren aus aller Welt besuchen gelegentlich den kleinen Ort, um die eigene Familiengeschichte aufzuspüren.
- Direkt hinter dem Skulpturenpark vor dem Waldrand liegt der jüdische Friedhof.
- Auf Anfrage bieten die örtlichen Kunsthandwerker und Schleifer Führungen und Schmuckverkäufe vor Ort an.

28 Die Synagoge in Laufersweiler

ZENTRUM EINES EINMALIGEN ERINNERUNGSENSEMBLES

Auch im Hunsrück endete der jüdische Alltag mit der Deportation der verbliebenen Jüdinnen und Juden in die Vernichtungslager im Osten. Heutzutage gibt es nur noch vereinzelt Hinweise auf jüdisches Leben in der Region.

Die renovierte Synagoge

Die unter Denkmalschutz stehenden jüdischen Friedhöfe, umgenutzte und noch einzelne erhaltene Synagogenbauten, natürlich auch die arisierten Wohngebäude sind solche Orte. Erinnerungstafeln, Stolpersteine und Denkmäler erinnern an das Ungeheuerliche der NS-Zeit. Die einzige ehemalige Synagoge im Rhein-Hunsrück-Kreis, die als solche noch erkennbar ist, ist die in Laufersweiler, nördlich des Idarkopfes.

„Wie fein sind deine Zelte, Jakob, und deine Wohnung, Israel", steht in hebräischer Schrift über dem sandsteinernen Türbogen. Erstmals wird in einem Zeitungsartikel 1840 von der Synagoge berichtet: „Bei dem großen Brand in Laufersweiler wurde die Synagoge der Israeliten gänzlich eingeäschert." Es entstand eine neue, gefolgt von dem in den Jahren 1910/11 erbauten und noch heute bestehenden Gebäude. Ein stattliches zweigeschossiges Gotteshaus in der Kirchgasse, schräg gegenüber der katholischen Kirche. Damals war es wohl wie ein Symbol für die Vereinbarkeit der Religionen im friedlichen Nebeneinander und für die zunehmende Emanzipation in einem eigenen Synagogenbaustil.

Bis zu den Tagen der Reichspogromnacht 1938. SA-Leute planten die Synagoge abzubrennen. Benzin als Brandbeschleuniger sollen die Nazi-Schergen bereits dabeigehabt haben. „Sie scheuten sich auch nicht, rohe Gewalt gegen jüdische Bewohner anzuwenden", bestätigt Christof Pies, Vorsitzender des Förderkreises

Gelebtes und geraubtes Leben – Schulklasse der Berufsbildenden Schule Simmern

der Synagoge Laufersweiler. Das Gebäude blieb nur deshalb weitgehend verschont, weil es mitten im Dorf lag und die Gefahr bestand, das Feuer könnte auf die benachbarten Wohnhäuser übergreifen. Aber das Innere des Gotteshauses wurde komplett verwüstet, Kultgegenstände wurden zerstört, und auch die vier wertvollen Thorarollen der jüdischen Gemeinde verschwanden.

Ende des 19. Jahrhunderts lebten 156 jüdische Menschen in Laufersweiler, das waren 20 Prozent der Gemeinde. 1942 wurden 25 jüdische Bürgerinnen und Bürger in Vernichtungslager in Polen (meist Sobibor, Chelmno, Treblinka, Auschwitz) deportiert und umgebracht – ein Bronzerelief in der Thora-Nische erinnert daran. Seither gibt es kein jüdisches Leben mehr in dem beschaulichen Ort am Idarbach – der übrigens nicht derselbe wie der in Idar-Oberstein ist.

In der Nachkriegszeit und nach diversen Umbauten, die das Bauwerk entstellten, und dem Einbau einer Zwischendecke wurde das ehemalige Gotteshaus als Wäscherei, Gefrieranlage, Schulsaal oder Versammlungsraum genutzt. Nach vielen Diskussionen und großen Anstrengungen der Zivilgemeinde wurde die Synagoge 1985 unter Denkmalschutz gestellt und seither für den Erhalt auch zweimal renoviert.

Mit der Synagoge bietet Laufersweiler insgesamt ein ganzes Ensemble der Erinnerung: den künstlerischen Erinnerungsort „Gelebtes Leben – geraubtes Leben", den Weg der Erinnerung mit Lyrikpfad, den jüdischen Friedhof, viele ehemalige Wohnhäuser wie die Matzenbäckerei neben der Synagoge und die evangelische Schule, die die jüdischen Kinder besuchten.

Dieses einmalige Erinnerungsensemble war auch der Grund für die Einrichtung des Studien- und Begegnungszentrums für das Landjudentum. Mit dem Namen „Forst-Mayer" werden zwei große jüdische Familien des Rhein-Mosel-Hunsrück-Raumes geehrt. Über Jahrhunderte waren sie in der Landwirtschaft und im Handel tätig und haben in den letzten Jahrzehnten viel zur Erinnerung an das Landjudentum beigetragen.

Info

Anreise: Über die B327/B50/E42, abbiegen auf die L190 nach Laufersweiler. Nach dem Ortseingangsschild von der abbiegenden Hauptstraße nach rechts in die Kirchgasse einfahren.

Aktivitäten:

- Forst-Mayer-Studien- und Begegnungszentrum für das Landjudentum: Sehenswert ist im Gedenkraum die permanente Ausstellung „Sie gehörten zu uns". Ein großer Arbeitsraum bietet zahlreiche digitale Erinnerungsmöglichkeiten, ein Archiv und eine Bibliothek; Besichtigungstermine nach Absprache mit Tourist-Information Kirchberg, Tel. 06763 910144, *touristik@kirchberg-hunsrueck.de*, oder Christof Pies, Tel. 06762 5269, *cpies@rz-online.de*; Kirchgasse 6, 55487 Laufersweiler, *info@synagoge-laufersweiler.de*, *laufersweiler.de/ehemalige-synagoge*

HINWEIS: Jüdisches Essen wie „Schales" (Döppekooche) kann man im Restaurant des Hotels Schatulle in Laufersweiler genießen. Die Wirtin Christel Bottlender kann viele Geschichten über engagierte Frauen im Hunsrück erzählen und stellt Kunstwerke von Frauen aus; *hotel-schatulle.de*

29 Die Traumschleife Kappleifelsen-Tour

AUCH EIN WEG DER ERINNERUNG

Die Kapplei-felsen-Tour bei Laufersweiler in Sichtweite des Idarkopfes ist der ideale Kurztrip in die Natur. Der abwechslungsreiche, fast neun Kilometer lange Rundwanderweg bietet viele idyllische Ecken, traumhafte Ausblicke – und am Tourende lockt sogar Gastronomie. Abgesehen von zwei kürzeren Anstiegen ist es eine leichte bis mittelschwere Familientour.

Am roten Rathaus startet die Tour.

Los geht's am ehemaligen Rathaus mitten in Laufersweiler. Unverkennbar mit seinem rötlich schimmernden Fachwerk inmitten vieler anderer Fachwerkhäuser im Ortskern ein echter Hingucker. Auf die jüdische Geschichte des Ortes weisen auf dem ersten Teilstück des Premiumweges „Weg der Erinnerung" zehn große Infotafeln hin – einfach dem Weg von der Synagoge zum jüdischen Friedhof folgen. In die Tour integriert ist der „Pfad der jüdischen Lyrik" mit Bildern von Kindern und Jugendlichen, die jüdische Gedichte wie die von Mascha Kaléko, Else Lasker-Schüler und Erich Fried illustrierten. Daneben gibt es auch Infotafeln zur Natur und Tierwelt.

Auf dem Friedhof am Ortsende sind die Namen der Verstorbenen auf den Grabsteinen teilweise zweisprachig verewigt. Kleine Steine liegen auf einigen Grabsteinen. Dies geht auf die Tradition aus biblischen Zeiten zurück, die Gräber in der Wüste mit Steinen vor wilden Tieren zu schützen. Auf christlichen Friedhöfen werden alte Gräber nach ein paar Jahrzehnten geräumt. Dagegen ist eines der wichtigsten hebräischen Glaubensprinzipien die Unantastbarkeit der Totenruhe.

Der jüdische Friedhof

Auf der Kappleifelsen-Tour

Nach dem Besuch der alten Gräber geht es weiter über offenes Weideland bis zur Wacholderheide „Folken". Der Name stammt aus der Zeit, als das Gewächs noch zum Vogelfangen genutzt wurde, weil die Beeren des Wacholders die Wacholderdrosseln anlocken. Deren Fleisch war oft das einzige, das bei den armen Pächtern auf den Teller kam – und das auch erst nach der Erlaubnis durch die Pfalzgrafen von Simmern. Denn die Jagd war ein Privileg des Adels.

Die Vogeljagd war mühsam: Mit Netzen und Schlingen aus Rosshaar oder mit Leimruten rückten die Vogelfänger den Drosseln zu Leibe. Noch 1886 wurden insgesamt 2240 Wacholderdrosseln auf diese Weise gefangen. Zwei Jahre später erließ die Landesregierung ein Verbot zum Schutz der Singvögel, wie auf den Infotafeln zu lesen ist.

Nach der Heidelandschaft folgt der malerische Weg den wildromantischen Bachtälern entlang des Hirsch- und Idarbaches mit seinen alten Mühlen wie der nostalgischen Retzermühle. Nun ist es nur noch ein kurzes Stück hinauf zum „Kappleifelsen“. Nach einem letzten kurzen Anstieg führt der Weg entspannt zurück zum Ausgangspunkt nach Laufersweiler.

Info

Lage:
Start ist am Dorfplatz „Unterdorf“ gegenüber dem alten Rathaus, 55487 Laufersweiler.

Aktivitäten:
- Synagoge der jüdischen Gemeinde Laufersweiler: Die sehenswerte Synagoge befindet sich direkt gegenüber der katholischen Kirche. Sie ist die einzige Synagoge im Rhein-Hunsrück-Kreis, die als solche noch erkennbar ist; *synagoge-laufersweiler.de* (siehe Tipp 28, Seite 138)
- Traumschleife Kappleifelsen-Tour: Teil des Saar-Hunsrück-Steigs

Einkehr und Unterkunft:
- Hotel Schatulle: Provinzialstraße 6, 55487 Laufersweiler, Tel. 06543 980319, *hotel-schatulle.de*

Websites:
- *saar-hunsrueck-steig.de/traumschleifen/kappleifelsentour*
- *laufersweiler.de/besonderes/die-wacholderheide*

Simmerner Mulde und
Soonwald

Auf dem Weg nach Argenthal

Simmerner Mulde und Soonwald

30. Schinderhannesturm in Simmern: das Zeug zur Räuberpistole
31. Die Schmidtburg: größte und älteste Burg des Hunsrücks
32. Schiefergrube und Fossilienmuseum: Millionen Jahre verewigt in Stein
33. Der Flugplatz Hahn: vom militärischen Sperrgebiet zum internationalen Drehkreuz und Golfplatz
34. Der Waldsee in Argenthal: von der Erzgrube zum Biotop
35. Simonsschmiede in Gehlweiler: „Schabbach"-Kulisse mit Anziehungskraft

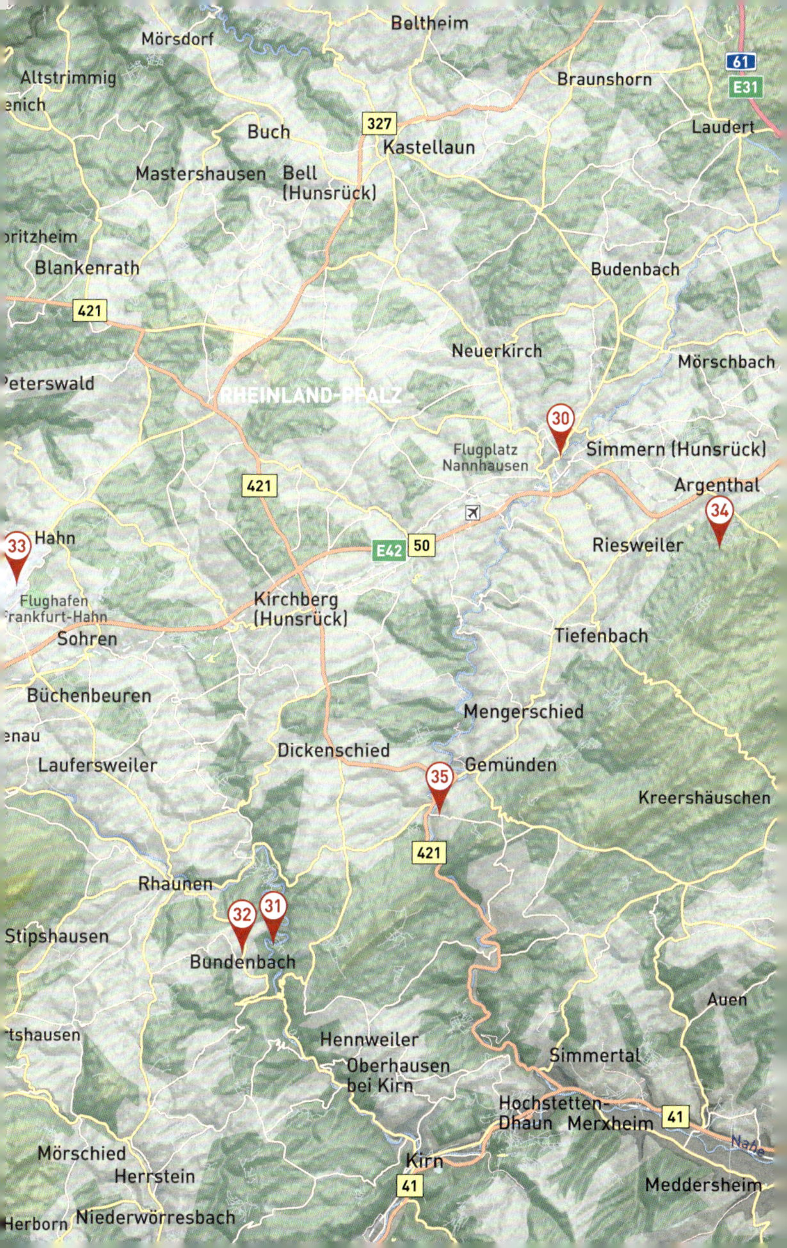

Beltheim
Mörsdorf
Altstrimmig
Braunshorn
61
E31
Laudert
Buch
327
Kastellaun
Mastershausen
Bell (Hunsrück)
Blankenrath
Budenbach
421
Neuerkirch
Mörschbach
Peterswald
RHEINLAND-PFALZ
30
Flugplatz Nannhausen
Simmern (Hunsrück)
Argenthal
421
34
Riesweiler
33
Hahn
E42
50
Flughafen Frankfurt-Hahn
Kirchberg (Hunsrück)
Sohren
Tiefenbach
Büchenbeuren
Mengerschied
Dickenschied
Gemünden
Laufersweiler
35
Kreershäuschen
421
Rhaunen
32
31
Stipshausen
Bundenbach
Auen
Hennweiler
Oberhausen bei Kirn
Simmertal
Hochstetten-Dhaun
Merxheim
41
Nahe
Mörschied
Kirn
Herrstein
41
Meddersheim
Herborn
Niederwörresbach

30 Schinderhannesturm in Simmern

DAS ZEUG ZUR RÄUBERPISTOLE

1750 erhielt das markante Bauwerk ein barockes schiefergedecktes Kegeldach und eine Freitreppe. Seinen heutigen Namen verdankt der Turm seinem wohl berühmtesten und berüchtigtsten Insassen: dem Schinderhannes.

Etwa 700 Jahre alt ist der östliche Turm der ehemaligen Stadtmauer Simmerns. Er wurde zwischen 1320 und 1330 erbaut und hat seither eine höchst wechselvolle Geschichte hinter sich. Lange diente er als Pulvermagazin, bevor die Stadtväter um 1680 beschlossen, das hufeisenförmige Turmgebäude zu einem Gefängnis umzubauen.

Der sagenumwobene Räuberhauptmann Johannes Bückler, genannt Schinderhannes, hatte schon mehrfach in Arrestzellen eingesessen und oft war ihm die Flucht gelungen. Schließlich saß er nach seiner Festnahme in Schneppenbach vom 26. Februar bis 19. August 1799 in Simmern ein – dem damals angeblich sichersten Turm seiner Zeit. Seit dem Umbau zum Gefängnis hatte der Turm immerhin schon den großen Stadtbrand von 1689 überstanden. Die unteren Fenster und Türen wurden zugemauert und fertig war ein Turmverlies. Die Häftlinge wurden durch eine Klappe, das „Angstloch", fünf Meter in die Tiefe abgeseilt, um dort die Nacht zu verbringen. Der Gefängnisaufseher wohnte sogar mit seiner Familie im Turm. Daher galt das Gefängnis als ausbruchssicher. Jedenfalls bis zu jener Nacht auf den 20. August 1799: Schinderhannes konnte fliehen, angeblich durch einem kühnen Sprung aus dem Küchenfenster. Wie das passieren konnte, dazu kursieren drei Thesen: Er hatte den Turmwächter bestochen. Er hatte mit der Gattin des Turmwächters eine Liebelei begonnen, sodass sie ihm half. Oder: Mit roher Gewalt, während des Essens, zu dem die Gefangenen einmal am Tag durch das Loch in die Küche hinaufgezogen wurden. Aber die Flucht erfolgte ja nachts. Wie es wirklich war? Das wird wohl immer ein Geheimnis bleiben. Kein Geheimnis, sondern bekannt ist dagegen, worauf sein Spitzname zurück geht: auf den ursprünglichen Lehrberuf des Johannes Bückler als Schinder beziehungsweise Abdecker.

Der Schinderhannesturm

Bei der Flucht brach sich der Räuberhauptmann ein Bein und schlug sich trotz Schmerzen durch das Hahnenbachtal bis nach Sonnschied durch und trieb weiter sein Unwesen mit Raubüberfällen und räuberischen Erpressungen. Die Taten beging er meist

Auch im Hunsrück-Museum ist eine Abteilung dem Schinderhannes gewidmet.

mit fünf Mittätern, insgesamt soll er mit bis zu 100 Kumpanen seine Überfälle begangen haben. Auch seine letzte Räuberbraut, Bänkelsängerin Julchen Blasius, zog seit 1800 mit ihm durch die Lande – für die Raubzüge getarnt in Männerkleidung. Ein großer Teil seiner Taten richtete sich dabei gegen Juden, denn bei diesen Angriffen waren kaum Einmischungen durch die überwiegend christlichen Nachbarn zu erwarten. Letztlich wurden beide doch gefasst. Ihren gemeinsamen Sohn brachte Julchen bereits im Gefängnis zur Welt. Johannes Bückler wurde zusammen mit 19 weiteren Männern am 21. November 1803 in Mainz mit der Guillotine hingerichtet. Zehntausende Schaulustige wohnten dem halbstündigen Spektakel bei. Julchen lebte nach ihrer zweijährigen Gefängnisstrafe noch viele Jahre als Wirtin in Weierbach und erzählte ihren Gästen oft und gerne bei Wein und Trank die Geschichten aus ihrem bewegten Leben. Ihre tragische Liebesbeziehung ist auch in einem Musical vertont.

Im ehemaligen Verlies zeigt eine Ausstellung mit dem Titel „Schinderhannes – Realität und Mythos" alte „Räuberpistolen" und Fakten zu dem berühmtesten Insassen, dem Schinderhannes. Hörenswert ist die Audiostation in der 3. Etage unter anderem mit dem Lied vom Schinderhannes.

Info

Lage: Schinderhannesturm (am Schinderhannesplatz), Turmgasse 8, 55469 Simmern

Anreise: Abfahrt von der E42. Beim Routenplaner unbedingt die Postleitzahl 55469 mit eingegeben, damit Sie nicht in Simmern bei Koblenz auf der anderen Rheinseite landen. RHB Linie 632 bis zur Haltestelle Bahnhof, dann 400 Meter zu Fuß.

Öffnungszeiten: März bis Oktober Dienstag bis Sonntag 10 bis 17 Uhr, November bis Februar Dienstag bis Sonntag 10 bis 16 Uhr; Tel. 06761 2384, *info@vgvsim.de*

Weitere Aktivitäten:

- Hunsrück-Museum: Geschichte des Hunsrücks, angefangen bei den Kelten übers Mittelalter. Infos über den Hunsrück-Dichter Rottmann, den Maler Friedrich Karl Ströher und zu den Heimat-Filmen, die aber demnächst umziehen; März bis Dezember Dienstag bis Freitag 10 bis 13, 14 bis17 Uhr, Samstag und Sonntag 14 bis 17 Uhr; Schlossplatz 4 (im Gebäude der Tourist-Information), 55469 Simmern, *hunsrueck-museum.de*

Unterkunft:

- Gästehaus No. 3: atmosphärisches Haus, regionale Produkte; Schulstraße 3, 55469 Simmern, Tel. 06761 965230, *hallo@gaestehausno3.de*, *gaestehausno3.de*

Restaurant:

- Dilan Grillhaus: türkisches Restaurant mit schöner Außengastronomie auf dem Schloßplatz; Schloßplatz 1, 55469 Simmern, Tel. 06761 9650555

Websites:

- *simmern.de/kultur-tourismus/sehenswuerdigkeiten/der-schinderhannesturm*
- *museumsportal-rlp.de/museen/schinderhannesturm*

31 Die Schmidtburg

GRÖSSTE UND ÄLTESTE BURG DES HUNSRÜCKS

Die Schmidtburg zählt zu den ältesten Burgen Deutschlands und ist die größte und älteste Festungsanlage im Nahe-Hunsrück-Raum. Rund um die Burg kann man wunderbar wandern: Die Traumschleife „Hahnenbachtaltour" wurde 2012 als schönster Wanderweg Deutschlands ausgezeichnet.

Die in großen Teilen erhaltene Ruine befindet sich auf einem 220 Meter langen und 73 Meter breiten Felssporn bei Schneppenbach und wird vom idyllischen Hahnenbach umflossen.

Von drei Seiten durch einen natürlich Wasserlauf abgeschirmt – das war früher optimal, um größtmöglichen Schutz zu bieten. 926 erstmals im Rahmen eines Landtausches erwähnt, ist die Schmidtburg jedoch deutlich älter: Es gibt römische Spuren auf der Burg. Aufgegeben wurde die Burg am Ende des Dreißigjährigen Kriegs. „Die letzte Gräfin Appolonia heiratete einen Schweizer Offizier, den Grafen von Salis-Soglio, und bezog mit ihm das Schloss in Gemünden", erzählt Michael Brzoska, Wanderführer im Hunsrück, der hier auch Übernachtungswochenenden im Zelt organisiert.

Der Schinderhannes muss auch auf der Hahnenbachtaltour für alles herhalten.

Die Burg war Stammsitz der Grafen im Nahegau und bis Anfang des 14. Jahrhunderts in wildgräflichem Besitz. Mit der französischen Übernahme im 18. Jahrhundert wurde die Schmidtburg von den Burgherren verlassen. Auf dem Höhepunkt ihrer Macht, um das Jahr 1800, residierten der Schinderhannes und seine Räuberschar hier.

Erst beim Spaziergang über die weitläufige Anlage wird man sich ihrer einstigen Größe und Bedeutung bewusst. Beim Zelten auf der historischen Burgruine mit Blick auf das idyllische Hahnenbachtal genießen Sie die Stille und die Natur pur. Familien, aber auch alle anderen sind hier willkommen. Elf Zeltplätze mit einfachster Toilette und einer Wasserentnahmestelle stehen für ein kleines Abenteuer zur Verfügung.

Die Schmidtburg

Info

Lage: oberhalb des Hahnenbachtals

Anreise: über die L184 nach Schneppenbach, dann auf dem ausgeschilderten Wanderparkplatz Schmidtburg parken und etwa 800 Meter zu Fuß zur Burg gehen.

Wanderungen:

- Der Besuch der Schmidtburg ist sehr gut in die beliebte Traumschleife „Hahnenbachtaltour", Deutschlands schönster Wanderweg 2012, einzubauen. Ein guter Startpunkt ist oberhalb des Besucherbergwerks Herrenberg in Bundenbach, hier gibt es auch ausreichend Parkplätze; *saar-hunsrueck-steig.de/traumschleifen/hahnenbachtaltour, wandern-im-hunsrueck.de*
- Auf der gegenüberliegenden Seite des Tales sind die Altburg, eine keltische Burganlage, und das Besucherbergwerk Herrenberg, ein aufgelassenes Schieferbergwerk, über einen Fußweg zu erreichen. Die Außenanlage ist ganzjährig frei zugänglich.

Unterkünfte:

- Trekkingcamp und Zeltlager Schmidtburg: Buchung über Naheland-Touristik GmbH, 55606 Kirn, Tel. 06752 137610, *info@naheland.net*, *rlp-tourismus.com/de/gastgeber/accommodation/Campingplatz-und-Trekkingcamp-Schmidtburg_Schnep/unterkunft.html*
- Übernachtung mit Blick auf die Schmidtburg vom Besucherbergwerk Herrenberg & Fossilienmuseum aus: Dort steht ein Sleeperoo-Zelt bereit; *sleeperoo.de*

Website: *burgen.de/burgen-und-schloesser/deutschland/schmidtburg*

HINWEIS: Die kompletten Ausmaße der Schmidtburg werden in der ARGO-App sichtbar.

32 Schiefergrube und Fossilienmuseum

MILLIONEN JAHRE VEREWIGT IN STEIN

Sanfte Hügel, Bergbau und Edelsteinverarbeitung – dafür ist der Hunsrück bekannt. Wie es dazukam? Wir blicken zurück, mal eben 400 Millionen Jahre: Es ist extrem warm, eine geradezu tropisch Hitze. Heftige Wellen rollen über das stürmische Meer heran und schieben gewaltige Sandmassen vor sich her.

Steiger am Lachterstollen: Der Steiger sitzt vor dem Suchstollen.

100 Millionen Jahre später werden sich durch diese herrschenden Urgewalten in der Karbonzeit aus den Sandmassen die hellen Quarzite bilden, die heute die markanten Höhenzüge wie Hochwald, Idarwald und Soonwald prägen. Zwischen den Quarziten entstand aus den schlammigen Meeresablagerungen der weiche Tonschiefer, das „graue Gold" des Hunsrücks.

Seit dem frühen Mittelalter bis in die 1960er-Jahre wurde in mehr als 100 Gruben das „graue Gold" im Hunsrück abgebaut. Bundenbach ist einer der historischen Schwerpunkte des Hunsrücker Schieferbergbaus und bildet deshalb auch das Zentrum der Hunsrücker Schiefer- und Burgenstraße. Die 1822 erstmals erwähnte Grube Herrenberg stellte 1964 endgültig ihren Betrieb ein – wie viele andere Gruben der Region.

Als letztes wurde der Tagebau der Grube Eschenbach-Bocksberg im Jahr 2000 geschlossen. Jetzt wird das Gelände des Tagebaus verfüllt und renaturiert, während auf dem Werksgelände nur noch Schiefer aus dem Ausland, vor allem aus Spanien, verarbeitet wird. Rund um den Ort finden sich noch viele Spuren des damaligen Schieferbergbaus, viele alte Stollen sind erhalten wie im Besucherbergwerk Herrenberg, die als Besucherstollen ausgebaut und auch von Rollstuhlfahrern besichtigt werden können. Die Arbeit der Bergmänner, der sogenannten Layenbrecher, ist hier auf eindrucksvolle Weise erlebbar.

Weltweit ist Bundenbach aber heute vor allem wegen seiner rund 400 Millionen Jahre alten Fossilien bekannt wie Panzerfische und viele andere frühe Lebewesen oder Pflanzen aus dem Zeitalter des Devon. Das Fossilienmuseum liegt direkt neben dem Besucherbergwerk und veranschaulicht die Geschichte des Bergbaus sowie den Fossilienreichtum des Gesteins.

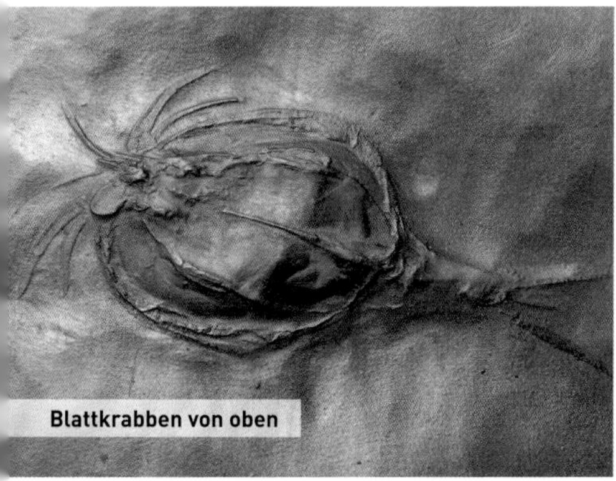

Blattkrabben von oben

Besonders die in goldschimmernden Pyrit umgewandelten Seelilien, Schlangensterne und Trilobiten (Dreilappkrebse) aus dem Urmeer der Bundenbacher Schieferregion erlangten weltweite Berühmtheit. Die pyritisierten Fossilien illustrieren gewissermaßen ein paläontologisches Bilderbuch, das wissenschaftlichen Aufschluss über bedeutsame Entstehungsphasen von amphibischen Lebensformen vermittelt. Michael Brzoska, Gästeführer im Hunsrück, gefällt diese Formulierung besonders gut: „Wir stoßen ein Fenster auf, sodass ein Einblick in die Evolution des Lebens auf der Erde möglich ist."

Besonders stolz ist man hier auf das Exemplar Nahecaris stürzti (Panzerkrebs), eine Blattkrabbe aus dem Fundgebiet an der oberen Nahe. Und darauf, dass hier auch einzelne Szenen der Heimat-3-Verfilmung gedreht wurden – also im doppelten Sinn ein echter Heimatmoment.

Info

Lage: Besucherbergwerk Herrenberg und Fossilienmuseum, 55626 Bundenbach

Anreise: über die A61 Köln-Mannheim, Abfahrt Rheinböllen, auf der B50 weiter Richtung Simmern. Hinter Argenthal biegt man nach Gemünden und am Ortsende weiter ab nach Kirn. Nach etwa einem Kilometer abbiegen nach Rhaunen Richtung Kirn/Bundenbach. Dann ist das Besucherbergwerk als „Grube Herrenberg" bzw. das Grubenzeichen, der gekreuzte Hammer/Haue, gut ausgeschildert. Glückauf!

Öffnungszeiten: Montag 14 bis 16 Uhr, Dienstag bis Donnerstag 11 bis 16 Uhr, Freitag bis Sonntag 10 bis 17 Uhr; Tel. 06544 9272, *info@bundenbach.de*

Einkehr:

- Bergmannsschänke: im Besucherbergwerk. Hier kann man sich mit einer deftigen Layendeckerplatte stärken – auch wenn man kein Bergmann ist.

Websites:

- *edelsteinland.de/de/sehenswert/alle-sehenswuerdigkeiten/fossilienmuseum-bundenbach.html*
- *sgoerner.de/bundenbach/fossilienmuseum.html*

HINWEISE:

- Die Grube ist barrierefrei.
- Der Besuch ist bestens in die Traumschleife „Hahnenbachtour" integrierbar, da Start und Ziel am Parkplatz hinter Bundenbach liegen.
- Ein weiteres lohnendes Ziel ist auch das nahe gelegene Freilichtmuseum der Keltensiedlung Altenburg.

33 Der Flugplatz Hahn

VOM MILITÄRISCHEN SPERRGEBIET ZUM INTERNATIONALEN DREHKREUZ UND GOLFPLATZ

Krawumm! Ein ohrenbetäubender lauter Knall, der bei strahlend blauem Himmel alles erschüttert – dies gehört zu den frühen Erinnerungen vieler Hunsrücker. In der Nachkriegszeit übten amerikanische Flieger hier den Angriff für den Ernstfall, oft in Überschallgeschwindigkeit.

Die Jagdbomber starteten meist vom „Hahn", ein weiträumig gesichertes militärisches Sperrgebiet zehn Kilometer nordwestlich von Kirchberg. Nach dem Zweiten Weltkrieg bauten erst die Franzosen, dann die US-Amerikaner den Flugplatz. Im Dezember 1981 wurde die US-Air-Base die erste europäische F-16-Basis. Außerdem wurden 1987 zwischenzeitlich auch atomare Sprengköpfe hier gelagert, die eigentlich in der Raketenbasis Pydna stationiert werden sollten, aber dort noch keinen Platz hatten. Jahrzehntelang erfuhr niemand, was auf dem abgeschirmten Gelände vorging.

Kein Wunder, dass viele Hunsrücker gegen die Stationierung der Atomraketen auf die Barrikaden gingen (siehe Tipp 43, Seite 212, Friedensacker in Bell). Auch später waren viele von der ersten Konversion eines militärischen Flughafens in einen privaten Frachtflugplatz mit Nachtflugerlaubnis nicht überzeugt. Im Gegensatz zu den krawalligen Jets steigen Frachtflugzeuge zwar langsamer auf, aber machen daher länger Krach – und das auch in der Nacht.

Blick vom Idarkopf

Aber zurück zum Anfang: Zum Ende des Kalten Krieges waren auf der Air-Base Hahn drei fliegende Staffeln, sogenannte F-16, stationiert. Flugzeuge und Munition wurden in 343 Hangars, Bunkern und Unterständen untergebracht. In den 1990er-Jahren lebten hier 14.000 Menschen mit ihren Familien in der Housing Area. Das Gelände des „Hahn" war eine eigene Stadt für sich: 672 Wohnungen in einer Größe von 60 bis 155 Quadratmetern in 43 Gebäuden. Alleinstehende Soldaten waren in 25 Kasernengebäuden einquartiert. Es gab 23 Läden in einem riesigen Einkaufszentrum, ein Kino, und für die Zeit nach dem Dienst standen 32 Freizeiteinrichtungen zur Verfügung: darunter ein Golfplatz, zwei Sporthallen, ein Footballplatz, ein Stadion, Tennisplätze und eine Schießanlage. Für Kinder standen fünf Schulgebäude bereit. Das Hospital bestand aus vier Gebäuden, darunter eine Zahnklinik.

Damals gab es viele Militärflüge über der Region.

Nach dem Ende der militärischen Nutzung übergaben die US-Streitkräfte die Hahn Air Base am 30. September 1993 der zivilen Verwaltung. Im Rahmen der ersten Konversion eines militärischen Flugplatzes in Deutschland plante die rheinland-pfälzische Landesregierung einen internationalen Flughafen. Der Standort sollte das größte europäische Frachtflugkreuz im hessischen Frankfurt am Main entlasten. Der erste zivile Flug vom Flughafen Frankfurt-Hahn fand am 22. Mai 1999 statt – es war ein Charterflug nach Mallorca mit Ryanair, heute werden etwa 30 Urlaubsziele angeflogen. Damals verwunderte es ortsfremde Passagiere noch, wenn sie auf dem Flughafen Frankfurt-Hahn landeten und die namensgebende Großstadt mehr als 100 Kilometer entfernt lag. Heute wundert sich niemand mehr über dieses Konzept.

Flughafen Hahn

Abfertigungshalle

Info

Lage: 55483 Hahn-Flughafen

Anreise: über die Hunsrückhöhenstraße (B327)

Website: *hahn-airport.de*

HINWEISE:

- Egal aus welcher Richtung Sie auf das Gelände fahren – es ist immer wieder beeindruckend, welche städtischen Dimensionen die einstigen Besatzungsmächte hier aufgebaut haben. Einige der ehemaligen Militärgebäude stehen immer noch leer. Auf einem Teil des Geländes ist heute die rheinland-pfälzische Polizeifachschule angesiedelt. Seit August 2017 ist das Unternehmen HNA Airport Group GmbH als Mehrheitseigner an der Flughafengesellschaft Frankfurt-Hahn GmbH beteiligt. Die chinesische HNA Airport Group GmbH hält 82,5 Prozent der Anteile, das Bundesland Hessen 17,5 Prozent. Jüngst meldete das erste Konversionsprojekt Insolvenz an.
- Auf dem Flughafengelände befindet sich heute einer der schönsten Golfplätze auf dem Hunsrück mit altem Baumbestand und idyllischem Hunsrückpanorama; *golfclub-hahn.de*

34 Der Waldsee in Argenthal

VON DER ERZGRUBE ZUM BIOTOP

Er gilt als der schönste naturbelassene Badesee im Vorderhunsrück: der Waldsee in Argenthal. 1824 als Tagebau der Eisensteingrube „Neufund“ begonnen, wurden hier bis 1935 Erze abgebaut. Nachdem der einstige Entwässerungsstollen verschlossen und der Tagebau gesichert war, konnte der See mit der Einrichtung einer DLRG-Station 1967 zum Baden freigegeben werden.

Klare Trennung der Schwimm- bzw. Nichtschwimmerbereiche

Wenn ich eines im Hunsrück wirklich vermisse, dann sind es die Möglichkeiten, baden zu gehen. Die sind sehr spärlich gesät. Umso schöner war es, den idyllischen Waldsee in Argenthal zu entdecken. Von der Kategorie her zählt er zu den Bagger- und Steinbruchseen. Seine Wasserqualität wird während der Badesaison alle zwei bis vier Wochen im Labor untersucht.

Schon der Einstieg in den mit etwa einem Hektar Grundfläche messenden und somit recht überschaubaren See wird leicht gemacht: Nichtschwimmer- und Schwimmerbereich sind durch einen quer fixierten Baumstamm im Wasser abgetrennt. Für die Nichtschimmer geht es direkt neben der heutigen DLRG-Notrufsäule über einen schmalen Sandsaum ins Wasser. Die Schwimmer gelangen über einen Steg und eine Treppe am anderen Ende des Sees direkt ins tiefere Wasser.

Neben der gepflegten Wiese mit Sitz- und Liegemöglichkeiten stehen auch Umkleidewände aus Holz und sanitäre Einrichtungen zur freien Verfügung.

Der See ist frei zugänglich und gehört der Gemeinde, die sich über eine Spende am Badehäuschen freut. Direkt nebenan ist das Gasthaus Waldsee mit feinen Hunsrücker Gerichten auf der

Blick von der Gasthaus-Terrasse auf den ehemaligen Tagebau

Karte, es gibt frisch gezapftes Bier und Weine zu erschwinglichen Preisen. Egal, ob Sie zum Schwimmen ins Wasser gehen oder einfach die Ruhe an diesem pittoresken See, umgeben von Wald, genießen – es ist ein echtes Heimaterlebnis.

Info

Lage: Waldseestraße, 55469 Argenthal

Anreise: Auf der L242 bis Argenthal, dann etwa 1,5 Kilometer der asphaltierten Straße Richtung Waldcafé folgen. Gut parken kann man am Schützenhaus und den Rest zu Fuß gehen.

Wanderung:

- Traumschleife Schanzerkopf-Tour: sehr empfehlenswerter, 15 Kilometer langer Rundweg in Argenthal mit Start und Ziel der Tour am Gasthaus Waldsee. Darin eingebettet ist der 5,5 Kilometer lange Geo-Erlebnispfad; *argenthal.de/upload/geoerlebnispfad_flyer_klein.pdf*

Restaurant:

- Gasthaus Waldsee: Nur montags legt das freundliche Team einen Ruhetag ein. Die berühmten Hunsrücker „Gefüllten Klöße" fehlen auch nicht auf dieser Karte. Je nach Saison werden Wild- oder Fischgerichte angeboten, Tradition hat ein Heringsessen am Aschermittwoch; Haus am Waldsee 1, 55469 Argenthal, Tel. 06761 967575, *gasthaus-cafe-waldsee.business.site*

Unterkunft:

- Campingplatz direkt am Waldsee: Für Dauercampingplätze wenden Sie sich an den Bürgermeister, Herrn Hans-Werner Merg, *argenthal@sim-rhb.de*. Für Kurzzeitcamping sind Herr Schörck Tel. 0176 826 603 69, oder Herr Korn Tel. 0160 926 730 27, zuständig; 1. April bis 31. Oktober; 55494 Argenthal

HINWEIS: Das Mitführen von Hunden ist im eingezäunten Waldseegelände nicht erlaubt.

35 Simonsschmiede in Gehlweiler

„SCHABBACH"-KULISSE MIT ANZIEHUNGSKRAFT

Wenn Sie sich für den Hunsrück interessieren, dann kennen Sie vielleicht schon den Film „Die andere Heimat" des prominenten Regisseurs Edgar Reitz. Eines direkt vorab: Den Ort Schabbach werden Sie im Hunsrück vergeblich suchen. Diesen Namen gibt es nur im Film.

Gedreht wurde in Woppenroth, Gehlweiler, Herrstein, Bundenbach und Schlierschied, aber auch an der Mosel, in Bernkastel-Kues und im Traben-Trarbacher Stadtteil Wolf. So können sich Heimat-Film-Fans vielerorts auf die Spuren des bekanntesten Morbacher Filmemachers machen.

Simonsschmiede in Gehlweiler

Für Filmfans bietet sich unbedingt eine Exkursion nach Gehlweiler an, dem Hauptdrehort von „Die andere Heimat". An allen Häusern, vor denen gedreht wurde, stehen Bildtafeln, die die jeweiligen Filmszenen zeigen. Besonders spannend ist, dass die Fassaden für den Dreh mit Kulissen des 19. Jahrhunderts ausgestattet wurden. Nach Abschluss der Arbeiten wurden die Kulissen zwar zurückgebaut, aber es gibt noch viele Gebäude, die auch ohne diese kleinen Tricks wie eine Zeitreise in vergangene Jahrhunderte anmuten.

Wie die Schmiede der Familie Henninger, die zuletzt bei „Die andere Heimat" im Mittelpunkt stand, an der aber auch für alle anderen Teile der Heimat-Trilogie gedreht wurde. Die Schmiede ist etwa 150 Jahre alt – originalgetreu macht sie Heimat heute noch erlebbar. Eigentlich wollte der damalige Eigentümer das Haus nach dem Ende der Dreharbeiten abreißen. Doch die Verantwortlichen der rheinland-pfälzischen Landesregierung erkannten nach dem Erfolg der Heimat-Serie den Wert des Hauses und stellten es unter Denkmalschutz. Hartmut Henniger lebte als Kind direkt gegenüber der Schmiede und war nur unwillig mit den Eltern nach Hessen gezogen. Als sich 1985 die Möglichkeit bot, das Haus zu kaufen, tat sich die Familie zusammen. Seither

Hat wohl noch nicht ausgedient ...

kommt Henninger mit seiner Familie in den Ferien hierher und gibt Interessierten gern Auskunft zur Historie. Ganze Reisebusladungen aus Brasilien landen in dem kleinen Hunsrückort, um ein bisschen Heimatgefühl wiederzubeleben. Das gilt sogar für Menschen, die aus anderen Regionen während der Nazi-Zeit geflohen waren. „Ein Geflohener, der nie wieder nach Deutschland zurückkommen wollte, aber durch die Heimat-Filme Heimweh entwickelte, kniete auf dem Boden der Schmiede, um dafür zu danken, dass ihm das zu Lebzeiten noch vergönnt war", erzählt Hartmut Henninger bewegt.

Der Bau der Kulissen war nicht die einzige Herausforderung an das Filmset. Start der Dreharbeiten zum quasi vierten Teil, „Die andere Heimat", war am 17. April 2012, und im August 2012 endeten sie. Um die Landschaft möglichst naturgetreu darzustellen, wurden die Felder um den Drehort schon ein Jahr vorher mit alten Pflanzsaaten bestellt. So wurden auch kleinste Details bis zu einem zeitgemäßen Strohhalm gestaltet. Noch im 19. Jahrhundert waren beispielsweise die Getreidehalme, die von

Hier wohnt jetzt Familie Henninger.

Hand nach dem Sensen zu Gaben gebündelt wurden, wesentlich länger im Vergleich zu den heute durch Mähdrescher geernteten Halmen – ganz abgesehen von dem geringeren Kornertrag. Die beteiligten Bauern bekamen eine Aufwandsentschädigung für Ernteausfälle. Der Drehort war gut gewählt. Auch heute noch gewinnt man den Eindruck, dass in diesen Landstreifen die Zeit stehen geblieben ist – das macht wohl die Erholung aus.

Info

Anreise: von der B50 auf die L421 über die K61. Wenn Sie über die idyllische Brücke über den Simmerbach kommen, können Sie den Parkplatz in der Hauptstraße am Gemeindehaus gar nicht verfehlen.

HINWEISE:

- Nach einem Besuch des ehemaligen Filmhauses „Simons Schmiede", Hauptstraße 26, 55490 Gehlweiler, folgen Sie einfach der Straße den Berg hinauf, dann kommen Sie zur Ruine Koppenstein und später zum gleichnamigen Aussichtspunkt auf 374 Meter Höhe. Alle sehenswerten Orte sing gut eingebunden in die „Traumschleife Heimat" von Gemünden nach Gehlweiler, die den zweiten Platz in der Kategorie Tagestouren „Deutschlands schönster Wanderweg" 2020 machte.
- Das Filmhaus aus „Heimat 3" wurde übrigens von einem Hotelier gekauft, aufgehübscht und fand als Günderodehaus in Oberwesel eine neue Heimat im Rhein-Hunsrück-Kreis. Unbedingt hinwandern oder hinfahren und unter der Kastanie wenigstens einen Kaffee und den wundervollen Ausblick genießen. Auf der Karte stehen auch die „Gefüllten Klöße" und in der ersten Etage läuft im liebevoll eingerichteten Fünfziger-Jahre-Kino „Heimat 3" in Dauerschleife; Sieben-Jungfrauen-Blick, 55430 Oberwesel, *guenderodefilmhaus.de*

Naheland
Kupferbergwerk Fischbach

Naheland

36. Die Privatbrauerei in Kirn: Bitte ein Kirner!
37. Die Kirner Kyrburg: Deutschlands Whisky-Burg
38. Nahe-Skywalk in Hochstetten-Dhaun: Blick in luftiger Höhe
39. Kupferbergwerk in Fischbach: barrierefrei Glückauf!

Heinzenberg
Brauweiler
Horbach
Hennweiler
421
Dhaun
Simmer
3
182
5
Oberhausen bei Kirn
11
Karlshof
9
Hahnenbach
Nah
38
27
Griebelschied
Kallenfels
Hochstetten-Dhaun
Bahnhof Hochstetten (Nahe)
26
RHEINLAND-PFALZ
37
36
Bahnhof Kirn
183
8
Kirn
Bergen
Nahe
Meckenbach
30
7
Krebsweilerer Straße
Bahnhof Kirnsulzbach
Kirner Str.
41
Heimweiler
Heimberg
182
Talstr.
Bärenbach
71
39
Fischbach
Becherbach bei Kirn
Bahnhof Fischbach-Weierbach
42
Schmidthachenbach
Weierbach
Mittelreidenbach
270
Dickesbach
374
40
Otzweiler
Oberreidenbach
43

36 Die Privatbrauerei in Kirn

BITTE EIN KIRNER!

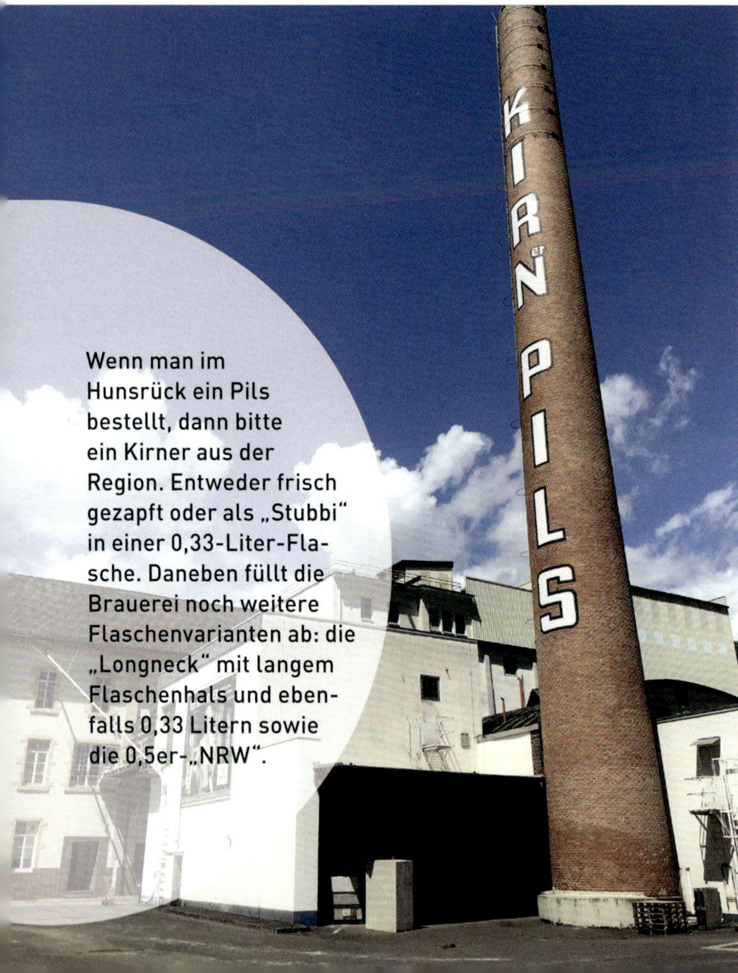

Wenn man im Hunsrück ein Pils bestellt, dann bitte ein Kirner aus der Region. Entweder frisch gezapft oder als „Stubbi“ in einer 0,33-Liter-Flasche. Daneben füllt die Brauerei noch weitere Flaschenvarianten ab: die „Longneck“ mit langem Flaschenhals und ebenfalls 0,33 Litern sowie die 0,5er-„NRW“.

Im berühmten Gärkeller der Slow Brewery

Das besondere Qualitätsversprechen der Kirner Privatbrauerei von 1798 sind fünf Wochen – so lange dauert der Weg, den Gerste und Hopfen bis zur Abfüllung durchlaufen. Inklusive ist eine vierwöchige Reifezeit, weshalb das Kirner Bier als „Slow Brewer" zertifiziert ist. Und das schmeckt man auch!

In den Hallen am Standort in Kirn wird Bier mit über 220 Jahren Erfahrung gebraut. Seit jeher bringen die Bauern der Umgebung ihre Gerstenernte in die kleine Stadt an der Nahe, wo das Getreide über ein langes Saugrohr eingezogen und weiterverteilt wird. Im Gegenzug erhalten die Bauern kostenlos Wasserfässer mit Treber, auch Schlempe genannt, was für die Bullenmast genutzt wird. Noch heute liegt der Anteil der regionalen Gerste immerhin bei gut 50 Prozent.

Der Prozess des Brauens der Gerste verläuft immer nach dem gleichen Prinzip: Mälzen, Schroten, Maischen, Läutern, Würzekochen, Würzeklären, Gärung, Lagerung, Filtration und die

Der Lagerkeller mit einem Fassungsvermögen von 2.372.000 Litern

Abfüllung. In der Kirner Pils Brauerei können 700.000 Liter in den Tanks vergärt und mehr als zwei Millionen Liter Bier gelagert werden. Zum Schluss wird abgefüllt und verpackt, je nachdem was gerade gebraucht wird: Flaschen in Kisten oder Fässer.

Die Brauerei mit dem 45 Meter hohen markanten Schornstein mit dem „Kirner"-Namenszug ist noch immer in Familienbesitz. Die Kirner Biere erfreuen sich überregionaler Beliebtheit, sind aber nur im näheren Umkreis von 40 Kilometern um den Schornstein erhältlich. Zum Sortiment zählen heute auch Radler, alkoholfreie und Weizenbiere – es gibt sogar ein Nationalpark-Bier. Seit September 2019 leitet Sven Schirmer gemeinsam mit Michael Peitz das Unternehmen als Geschäftsführer. Eine der ersten Aktionen des gebürtigen Berliners war eine neue Marketingstrategie – weg vom Motto „Ich bin ein Kirner" hin zu „Kirner verbindet". Dafür wurden unter anderem auch die bisherigen Etiketten gründlich überarbeitet. Aber: Es eben anders zu machen als die Großen der Branche, wozu auch das Prinzip „Slow Brewer" gehört, soll die kleine Brauerei

Hygiene hat beim Brauen Vorrang

schließlich bei der großen Konkurrenz ringsum fit für die Zukunft machen. Das traditionelle Familienunternehmen ist nach wie vor eine der wichtigsten Braustätten in Rheinland-Pfalz – und das soll so bleiben. Mit der Positionierung als „Braustätte feiner Bierspezialitäten" fühlt sich die Kirner Privatbrauerei gut gerüstet für die kommenden Jahrzehnte, meint Sven Schirmer.

Hier gibt es alles für die Fans!

Nach dem Ende der Führung geht es übrigens ins Bräustübel zur Verkostung – und ein kühles frisch gezapftes Bier oder alkoholfreies Radler oder alkoholfreies Pils zischen ja immer gut die Kehle hinunter. Kirner-Pils-Utensilien als Erinnerung an die lehrreiche wie erfrischende Brauereibesichtigung können danach oder zuvor im Shop erstanden werden.

Info

Lage: Privatbrauerei Ph. & C. Andres, Kallenfelser Straße 2-4, 55606 Kirn

Anreise: über die L183 und die B41

Website: *kirner-bier.de*

HINWEIS: Bei der Traumschleife „Börfinker Ochsentour" an der Hirschtränke wird zur Erfrischung Kirner Bier angeboten.

37 Die Kirner Kyrburg

DEUTSCHLANDS WHISKY-BURG

Weithin sichtbar ist die Kyrburg als Wahrzeichen der Stadt Kirn an der Nahe. Sie wurde um das Jahr 960 vom Gaugrafen Emicho erbaut, durch verschiedene Besetzungen geprägt und schließlich 1734 von den französischen Besatzern zerstört.

Blick über KIrn ins Nahetal

Erst nach der Zerstörung wurde das Wachhaus erbaut, in dem sich heute ein Restaurant befindet. Von der großen Außenterrasse genießt man einen herrlichen Blick über die Stadt und das Nahetal. Von außen kaum erkennbar und gut versteckt ist hier auch ein Whiskymuseum beheimatet.

Hier lagern rund 5500 sehenswerte und verschiedene Flaschen des veredelten Getreides. Initiiert hat dies alles der gebürtige Nordpfälzer und Whiskysammler Horst Kroll, der über drei Jahrzehnte das Restaurant bis zum Jahreswechsel 2014 führte. Der Plan rührte aus seiner pragmatischen Erkenntnis: „Das kann ich ja gar nicht mehr trinken." Also wählte er ein paar Lieblingsflaschen und verkaufte den großen Rest inklusive Restaurant, dankbar, dass alles zusammen bleibt, an den Kirner Unternehmer Dirk Möller. Heute gilt die Whiskysammlung in den Gewölben des Kellers der Kyrburg als eine der größten Deutschlands. Mit seiner großen Sachkenntnis halten Horst Kroll und weitere Whiskybegeisterte bis heute Seminare ab und weisen das interessierte Publikum durch die verschiedenen Geschmacksnuancen. Was für ein verdienter Ruhestand!

Zum Drehwurm braucht es allerdings gar nichts Hochprozentiges – den bekommt man schon automatisch beim Abstieg aus

Schottische Single Malts

dem Restaurant die Wendeltreppe hinunter. Geflasht von gefüllten Flaschenregalen bis unter die Decke springen gleich die vielen Etiketten ins Auge wie Lagavulin, Laphroaig, Hibiki und der alltagstaugliche irische Jamesons. Dazu gesellen sich von Sammlern begehrte Raritäten, wie Horst Kroll stolz erzählt. So finden sich neben Destillaten aus den traditionellen Whiskynationen wie Schottland, Irland, USA und Kanada Flaschen aus der DDR, Israel, Indien oder der Türkei sowie ein fernöstlicher „Schlangenwhisky". Doch der Schwerpunkt der Sammlung liegt auf den Single-Malt-Whiskys aus Schottland.

Mit der Vorliebe für den schottischen Gerstentrank ging es bei Kroll los. Einige Flaschen stammen noch aus dem 19. Jahrhundert, darunter eine, die aus einem Schiffswrack geborgen wurde. 150 Jahre hatte sie auf dem Meeresboden und damit gut gekühlt und dunkel gelegen – eine perfekte Lagerung. Andere Whiskys reiften bis zu 50 Jahre heran, bevor man sie in Flaschen füllte. Die älteste Flasche der Sammlung ist ein Whisky aus der Brennerei Macallan von 1886.

Doch egal, ob Whisky oder Whiskey – kaum eine Flasche bleibt unversehrt. Jedes Jahr finden auf Deutschlands Whiskyburg mehrere Whiskyverkostungen mit unterschiedlichen Schwerpunkten statt. Natürlich gibt es auch einen Kyrburg-Whisky, schottischer Whisky für die Kyrburg abgefüllt, den Sie unbedingt testen sollten – das Wasser stammt aber nicht aus der Nahe.

Info

Lage: Restaurant & Whiskymuseum auf der Kyrburg, Inhaber: Sascha Bronnenkant, Auf der Kyrburg 1, 55606 Kirn

Anreise: über die B41 und die L183 bis ins ins Zentrum von Kirn und dann den Schildern folgend den Berg hinauf

Website: *kyrburg.de*

HINWEISE:

- Nach einem Begrüßungswhisky und dem Genuss eines Drei-Gang-Menüs im Restaurant geht es hinunter in den Gewölbekeller. Dort werden Whiskys aus verschiedenen Destillerien oder unterschiedliche Whiskys aus einer Destillerie probiert. Kenner schwören, dass sie sogar den Bachlauf herausschmecken könnten, der das Wasser für den Whisky lieferte. Bei Livemusik und schottischem Bier klingt der Abend schließlich meist launig mit einem Mitternachtssnack aus. Zu den untrinkbaren Ausstellungsstücken zählt allerhand Fachliteratur auch prominenter Autoren und Autorinnen, die sich mit dem Getränk in ihren Werken beschäftigten.
- Das Trauzimmer in dem historischen Gemäuer erfreut sich inzwischen ebenso großer Beliebtheit wie der Whisky.
- Hätten Sie es gewusst? Bis vor wenigen Jahren stand die größte Bourbonsammlung der Welt im kleinen Griebelschied auf dem Hunsrück. Leidenschaftlich und mit viel Sachkenntnis seit 1971 zusammengetragen vom Mitbegründer des Whisky-Club Kyrburg Heinz Taubenstein, auch „Mr. Bourbon" genannt. Seine Sammlung summierte sich auf mehr als 2000 Flaschen, darunter der älteste Bourbon der Welt von 1855. Leider wurden die Schätze nach seinem Tod auseinandergerissen und verschwanden in alle Welt. Wie gut, dass noch eine andere wertvolle Schatzsammlung auf der Kyrburg in Kirn als Whiskymuseum erhalten bleibt.

38 Nahe-Skywalk in Hochstetten-Dhaun

BLICK IN LUFTIGER HÖHE

Wenn ich Hunsrücker-Freunde frage, was für sie derzeit das spektakulärste Freizeitziel ist, dann empfehlen viele den Nahe-Skywalk. Eine stählerne Aussichtsplattform, die sieben Meter über die Klippe eines ehemaligen Steinbruchs ins Nahetal ragt – ein Panoramagenuss mit einem gehörigen Schuss Nervenkitzel ist garantiert.

Der Skywalk mit Blick ins Naheland

Am 20. Januar 2015 wurde diese Attraktion im Ortsteil St. Johannisberg in Hochstetten-Dhaun eingeweiht und hat seither einige Tausende begeistert, aber zum Glück keine Massen angelockt. So ist der Besuch zu jeder Jahreszeit empfehlenswert; zumal jede Saison im Hunsrück ihre eigenen Farbspiele über den Höhen und Tälern bietet und der Ausflug umsonst und draußen ist.

Schon von unten wirken die farbigen Steinbrüche, die die Kirner Hartsteinwerke an einigen Orten im Hunsrück in den Berg schlagen, imposant. Steht man dann aber oben auf dem sogenannten Balkon fürs Nahetal, wird die Dimension des Bergbaus unmittelbar erfahrbar. Unter dem Boden der Plattform stürzt die gelb-bräunliche Sandstein-Felswand 60 Meter senkrecht in die Tiefe. Bis zum Ufer der Nahe folgen dann weitere 40 Höhenmeter Gefälle.

Aber zurück zum Ausguck: Vorbei an alten Häusern wie dem von 1743 schlendern Sie etwa 200 Meter durch den beschaulichen

Ort. Auch Höhenempfindliche können sich ganz betulich auf den „Himmelsspaziergang" wagen, um die Aussicht zu genießen. Denn die ersten fünf Meter ist das Bodengitter noch relativ blickdicht. Erst dann werden die Gitterabstände weiter und der Blick in die Tiefe wird frei und das mulmige Gefühl im Bauch stellt sich automatisch ein. Wer das auch nicht mag, kann sich führen lassen, um vorn wenigstens den unvergesslichen Blick in die Weite zu erleben: ins Nahetal, auf den 365,4 Meter hohen Hellberg, die Stadt Kirn und in den zurzeit aktiv betriebenen Steinbruch.

Was wächst denn da?

Zuvor war dieser Blick ins Nahetal übrigens nur beschränkt möglich – ein Wall, eine Mauer und ein Zaun begrenzten aus Sicherheitsgründen den steilen Abhang und verhinderten den faszinierenden Blick. Wie gut, dass der Blick frei gemacht wurde. Heute bildet der Nahe-Skywalk gemeinsam mit der Stiftskirche St. Johannisberg einen weiteren Höhepunkt der zertifizierten Traumschleife, die in unmittelbarer Nähe verläuft. Außer diesem beliebten 13,3 Kilometer langen Rundwanderweg „Vitaltour Wildgrafenweg" führen weitere Wander- und Radwege zum Skywalk wie die dritte Etappe des 18,2 Kilometer langen Hildegard-von-Bingen-Pilgerwegs oder auch der 199 Kilometer lange Nahe-Radweg „Der Fluss als Wegbegleiter".

Blick auf Hochstetten-Dhaun und Hochstetten

Info

Anreise: Mit dem Rad oder Pkw von der B41 kommend in Hochstetten-Dhaun auf die Dhauner-Straße/K9 abbiegen und deren Verlauf folgen. In St. Johannisberg der Ausschilderung folgen. Parkplätze befinden sich vor dem Ort. Mit den RNN-Buslinien 429 und 430, die direkt am Parkplatz halten. Von hier sind es nur etwa 200 Meter zum Ausguck.

Öffnungszeiten und Eintritt: jederzeit frei zugänglich

Einkehr und Unterkunft:

- Landhaus St. Johannisberg: Biergarten mit Blick über das Nahetaltäglich ab St. Johannisberg 12, 55606 Hochstetten-Dhaun, Tel. 06752 6080, *kontakt@landhaus-st-johannisberg.de*, *landhaus-st-johannisberg.de*

Website: *outdooractive.com/de/poi/nahe/nahe-skywalk/13366530/*

39 Kupferbergwerk in Fischbach

BARRIEREFREI GLÜCKAUF!

Es gibt wenige Orte im Hunsrück, die so auf Menschen mit Behinderung eingestellt sind wie das Fischbacher Kupferbergwerk. Beeindruckend, was Betriebsleiter Nicolai Bollenbach und sein 20-köpfiges Team in den letzten Jahren unter diesem Aspekt erreicht haben: das europaweit erste zertifizierte barrierefreie Bergwerk.

Denn neben der klassischen Bergwerkstour ist der Erbstollen im Sommer mit dem Rollstuhl befahrbar, blinde Gäste werden mit der Braille-Schrift informiert und vor allem: Alle Gäste sollen und dürfen alles fühlen und ertasten, um altes Bergmannswerkzeug oder alle Mineralien auch haptisch zu verstehen.

Im Erbstollen gibt es goldenes Moos zu bestaunen.

Frühzeitliche Bronzefunde und Kupferabbau bereits zur Römerzeit belegen den Bergbau schon vor der ersten urkundlichen Erwähnung 1461. Fast 400 Jahre wurde hier aufwendig geschürft, was der harte Fels hergab. Bis zur Stilllegung nach der französischen Revolution 1792 war das Fischbacher Kupferbergwerk im Hosenbachtal eines der größten und bedeutendsten in Deutschland. Im Halbdunkel bauten hier Bergleute unter Tage wertvolle Kupfererze ab. Bis zu 30 Meter hohe Hohlräume und weit verzweigte Stollensysteme entstanden im Berginnern und können heute bestaunt werden.

Im Jahr 1975 wurde die Grube als Besucherbergwerk eröffnet, 1986 folgte die Rekonstruktion der Kupferschmelze. Auf der klassischen Bergwerkstour wird nach einem 330 Meter langen steilen Weg auf 62 Höhenmeter durch einen ehemaligen Belüftungsschacht eingestiegen. Innerhalb des Stollens gilt es während der Führung 250 Stufen zu absolvieren.

Auf der Zeitreise in die Steinzeit demonstrieren die Führerinnen und Führer anschaulich, dass ein Mann mit Hammer und Meißel es schaffte, nur eine Handvoll Steine an einem Tag zu hauen. Bergmann war ein privilegierter Beruf, und viele Begriffe

Gästeführerin mit Besuchergruppe im Erbstollen

und Verhaltensweisen stammten aus der Seefahrt, etwa, dass die Bergleute „einfuhren" und Frauen verboten waren. Wer sein Soll nicht erfüllte, sich falsch verhielt, zu spät kam oder ähnliches, musste die schweren Loren schieben – eine „Hundearbeit", weshalb die Loren hier auch „Hund" hießen. Und es gab weitere Begriffe aus der Tierwelt. Die Funzel, eine Kerzenlampe, die früher wenigstens einen kleinen Bereich erhellte, war ein „Frosch", weil ihr Schatten an einen gekrümmten Frosch erinnerte – heute eindrucksvoll demonstriert durch ein komplettes „Licht aus" in der Höhle.

Berggeist aus Kalk

In Licht getaucht, schimmern die Gesteine an den Wänden in allen erdenklichen Farbtönen: Weiß ist Kalk, Gelb ist Schwefel, Braun ist oxidiertes Eisen und Grün ist Malachit. Blickt man nach oben, entdeckt man Tropfsteine, die durch den Kupferanteil blau und grün schimmern.

In einer Ecke neben dem ehemaligen Einstieg riecht es nach Käse: Hier lagern über Monate Käselaibe zur Reifung. Der einzigartige „Alte Steiger" profitiert von den konstanten elf Grad Celsius bei einer Luftfeuchtigkeit an die 100 Prozent. Auch die verschiedenen Mineralien, die in der Luft unter Tage enthalten sind, bewirken den außergewöhnlichen Geschmack des Käses und verleihen der Rinde eine besondere Farbe. Unbedingt probieren!

Info

Lage: Hosenbachstraße 17, 55743 Fischbach/Nahe

Anreise: über die B270 und die B41, dann gut ausgeschildert. Kostenlose Parkplätze sind gegenüber vom Eingang verfügbar. Menschen mit Behinderung können bis zum Erbstollen barrierefrei vorfahren.

Öffnungszeiten: täglich 10 bis 17 Uhr, letzte Führung etwa 16:15 Uhr, Tel. 06784 2304, *info@besucherbergwerk-fischbach.de*

Eintritt: Erwachsene 8,50 EUR, Kinder (5 bis 16 Jahre) 5,50 EUR, Familienkarte 25 EUR. Bitte beachten Sie, dass keine Kartenzahlung möglich ist.

Restaurant:

- Kupferstube Fischbach: direkt neben dem Bergwerk, im Angebot die drei beliebten Hunsrücker-„K": Kirner Bier, Kaffee und Kuchen; Hosenbacher Straße 17a, 55743 Fischbach

Website: *besucherbergwerk-fischbach.de*

HINWEISE:

- Festes Schuhwerk und warme Kleidung nicht vergessen!
- Jüngst startete ein „Traumschleifchen" extra für Kinder, die auch für Erwachsene garantiert ein Erlebnis ist. Und nicht vergessen, den Berggeist aus weißem Kalk zu berühren – das bringt Glück!
- Der Erbstollen des Bergwerks, der einst der Entwässerung diente, ist in den Sommermonaten barrierefrei zugänglich und auf 70 Metern multifunktional angelegt. Hier gibt es tausend Jahre altes Holz zu betasten und „Goldenes Moos" zu bestaunen.
- Der Käse „Alter Steiger" wird im Shop angeboten.

Moselhunsrück und
Rheinhunsrück
In den Gödenrother Gärten

Moselhunsrück und Rheinhunsrück

40. Baybachtal und Baybachklamm: Welche ist die schönste Traumschleife im Land?
41. Hängeseilbrücke Geierlay: Schnapsidee mit Adrenalin pur
42. Sponheimer Burg in Kastellaun: von wegen „Burgfräulein"
43. Friedensacker und Raketenkuh in Bell: für den Weltfrieden
44. Tier-Erlebnispark in Bell: Huskytouren und vegetarisches Restaurant
45. Die Gödenrother Gärten: eine sinnliche Oase im Industriegebiet
46. Der Ausoniusweg: von den Römern erfunden
47. Agrarhistorisches Museum in Emmelshausen: Reise in die Vergangenheit
48. Die Hunsrückbahn: das Steilstreckenerlebnis
49. Der Schinderhannes-Radweg: den 50. Breitengrad queren
50. Vierseenblick über Boppard: klettern, radeln, wandern oder gondeln

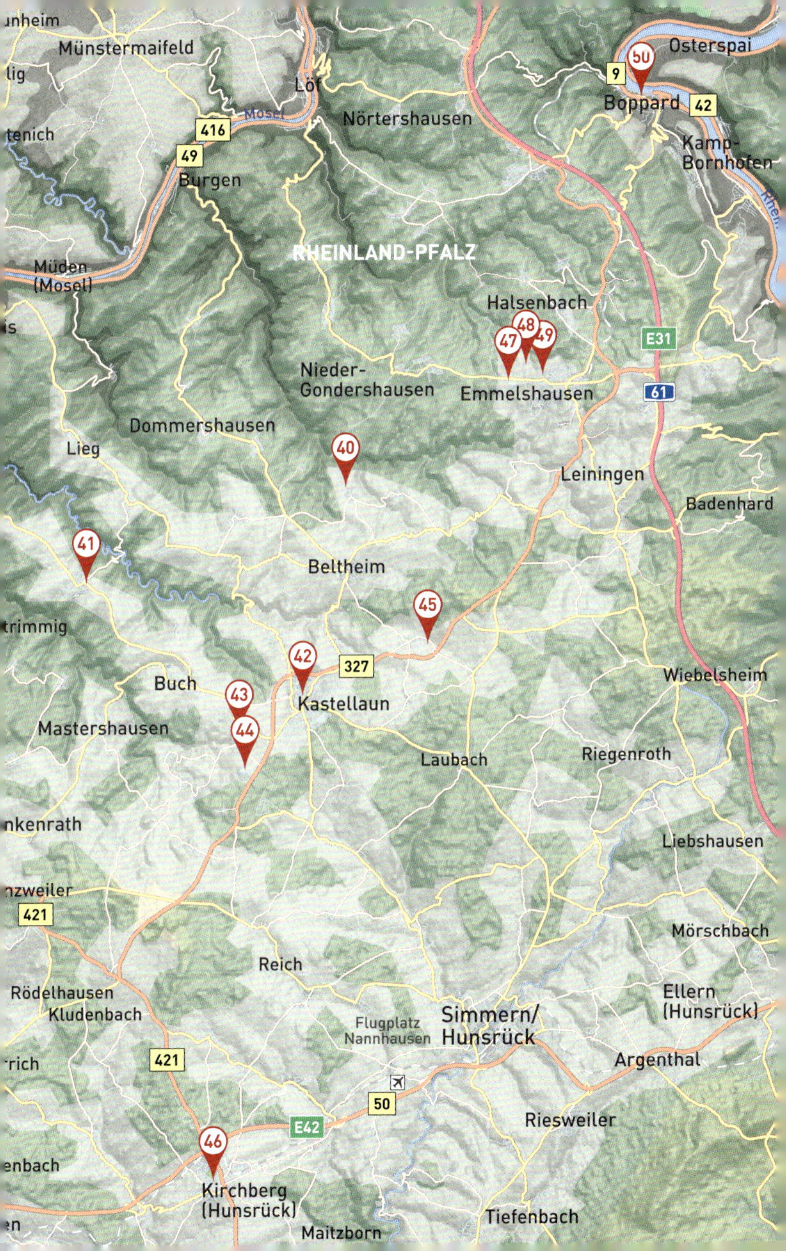

Münstermaifeld
Löf
Mosel
416
49
Burgen
Nörtershausen
Osterspai
50
9
Boppard
42
Kamp-Bornhofen
Rhein
Müden (Mosel)
RHEINLAND-PFALZ
Halsenbach
48
47
49
E31
Nieder-Gondershausen
Emmelshausen
61
Dommershausen
Lieg
40
Leiningen
Badenhard
41
Beltheim
45
42
327
Wiebelsheim
Buch
43
Kastellaun
Mastershausen
44
Laubach
Riegenroth
Liebshausen
421
Mörschbach
Reich
Rödelhausen
Kludenbach
Ellern (Hunsrück)
Flugplatz Nannhausen
Simmern/ Hunsrück
Argenthal
421
50
E42
Riesweiler
46
Kirchberg (Hunsrück)
Tiefenbach
Maitzborn

40 Baybachtal und Baybachklamm

WELCHE IST DIE SCHÖNSTE TRAUMSCHLEIFE IM LAND?

Eines der schönsten Täler mit Klamm im Hunsrück ist das Baybachtal nähe Kastellaun, ein wenig übertrieben auch Grand Canyon des Hunsrücks genannt. Wanderlustige können sich zwischen mehreren Premium-Traumschleifen durch das bewaldete Tal und auf den umliegenden Höhen entscheiden. Am besten ist es aber, nach und nach alle Touren mitzunehmen, weil jeder Weg eine neue Perspektive auf die zauberhafte Natur bietet.

An einem zauberhaften Bachlauf entlang zu wandern ist immer eine schöne Sache. Aber im Hunsrück durch eine Klamm zu laufen – das ist ein spektakuläres Erlebnis.

Egal, für welche der Touren Sie sich entscheiden, alle Strecken sind gut ausgeschildert und folgen meist dem Wasserlauf. An manchen Stellen ragen die Felsen kirchturmhoch aus dem seichten Bachbett. Heikle Passagen sind mit Seilen gesichert. Hier und da sind ehemalige Stolleneingänge zu sehen – Relikte aus der Zeit, als hier noch Hunsrück-Schiefer abgebaut wurde. Zum Schutz von Fledermäusen sind die Schieferstollen meist vergittert. Denn die heimische Art, das Mausohr, hält hier von Oktober bis April Winterschlaf, aber auch im Sommer sind vereinzelte Tiere in den Stollen zu finden. Wanderlustige sind also gebeten, den Schutzraum der Tiere zu respektieren und Abstand zu halten.

Ohne Vorbehalte genießen kann man dagegen immer wieder den überwältigten Blick ins tief eingeschnittene Baybachtal. Unweit von Heyweiler kann man bei guter Sicht sogar die Burgruine Waldeck sehen. Wenn man dann dem Wald entsteigt, breitet sich ein beeindruckendes Hunsrückpanorama aus. Nach den eindrucksvollen Passagen durch die Klamm ist der Premiumblick aus luftiger Höhe von der Felsklippe „Barreterlay" sicher einer der Höhepunkte der Tour.

Der namensgebenden Baybach ist ein rechter Nebenfluss der Mosel und knapp 30 Kilometer lang. Er entspringt in etwa

Im Baybachtal bei der Schmausemühle

450 Meter Höhe aus Quellen südwestlich und südöstlich der Gemeinde Hausbay, die sich in der Ortsmitte zum Baybach vereinigen. Im Oberlauf fließt der Bach durch eine Talsenke, quert beim Weiler Schloss Reifenthal die Hunsrückhöhenstraße und windet sich dann durch ein schluchtartiges Tal. Nahe der Burg Waldeck verengt sich dieses zu einer Klamm. In Burgen mündet der Baybach schließlich in die Mosel.

Außer der 20-Seelen-Gemeinde Steffenshof, der Kapelle mit dem ältesten Wegekreuz des vorderen Hunsrück, ehemaligen Köhlerhütten und der verlassenen Heyweiler Bauernmühle gibt es in der Mitte des Baybachtales die Schmausemühle, die zur Einkehr einlädt. Beliebt ist aber auch ein Picknick am sanften Ufer, mit der Chance die Füße zu kühlen.

Info

Anreise: Zur Traumschleife Baybachklamm: Wanderparkplatz Heyweiler, Dorfstraße, 56290 Heyweiler, dann den Hinweisschildern folgen. Zur Traumschleife Oberes Baybachtal: Mit dem ÖPNV zum Wanderparkplatz Reifenthal (Hunsrückbahn und Buslinie Koblenz-Simmern. Per Pkw und Rad: Die Hunsrückhöhenstraße (B 327) heißt kurz hinter Emmelshausen in Richtung Schloss Reifenthal „Deutsche Alleenstraße". In der Senke bei Schloss Reifenthal ist rechts in 150 Metern ein Parkplatz ausgeschildert, von dem sowohl die 15,3 Kilometer lange Traumschleife als auch der 4,8 Kilometer lange Rundweg starten.

Unterkunft und Verpflegung:

- Hotel-Restaurant Schmausemühle: im Herzen des Baybachtals, mit viel Liebe zum Detail eingerichtet. Über eine einspurige, schmale Straße kommen Sie über die Felder und durch den Wald von Gondershausen in diese Idylle. Kurz vor dem Ortsausgang Gondershausen links in die Waldecker Straße einbiegen und den Wegweisern ins Tal folgen; Waldecker Straße, 56283 Gondershausen, Tel. 06745 270, *info@schmausemuehle.de*, *schmausemuehle.de*

Website: *rhein-mosel-dreieck.de/wandern/baybachtal.aspx*

HINWEISE:

- Die Wanderstrecke durch die Baybachklamm ist teilweise mit Seilen gesichert und bei Eis, Schnee und Starkregen definitiv nicht zu begehen. Wanderschuhe und Kopfbedeckung nicht vergessen.
- Hoch über dem Tal liegt die Ruine der Burg Waldeck. Im Jahr 1150 erbaut, diente sie in den 1960er-Jahren als Kulisse des ersten deutschen Folk-Festivals.

41 Hängeseilbrücke Geierlay

SCHNAPSIDEE MIT ADRENALIN PUR

Für all diejenigen, die den Nervenkitzel in der freien Natur lieben, ist der Besuch einer Hängeseilbrücke ein Muss. Als längste der Welt wurde im April 2021 die „516 Arouca“ südlich von Porto in Portugal eröffnet – mit 516 Metern Länge in 175 Metern Höhe. Früher haben Bauherren um die Höhe von Gebäuden gewetteifert, heute sind scheinbar Hängeseilbrücken beim Wettstreit beliebt.

Die Geierlay-Hängebrücke

Überall gibt es diese spektakulären Brücken: beispielweise in Vancouver die 137 Meter lange und 70 Meter hohe Capilano Suspension Bridge oder die Buller Gorge Swing in Neuseeland, 110 Meter über dem Buller River.

Inzwischen muss man nicht mehr in die weite Welt verreisen, um solch abenteuerliche Panoramablicke zu erleben. Im Hunsrück wurde am Tag der Deutschen Einheit 2015 in 100 Meter Höhe die 360 Meter lange Hängeseilbrücke Geierlay eröffnet. Die Brücke zwischen Mörsdorf und Sosberg über den beschaulichen Mörsdorfer Bach – die Schnapsidee von drei Mörsdörfern – ist damit eine der höchsten in Deutschland und bisher die zweitlängste nach der 2017 im Harz eröffneten 458,5 Meter langen Titan-RT.

Der Name Geierlay wurde in einem öffentlichen Wettbewerb ermittelt und geht tatsächlich auf echte Geier zurück, die auf dem „Lay" (Fels) über dem Morsbach jagten. Zudem heißt das Flurstück unter der Brücke so. Heute sind die Besucher hier auf der Jagd nach spektakulären Fotomotiven. Inzwischen sollen eine Million Besucher den atemberaubenden Panoramablick erlebt haben.

Auf dem Weg zur Geierlay

Die Seele baumeln lassen, das sollte man hier nicht allzu wörtlich nehmen. Der Ausflug zur Geierlay ist definitiv nur etwas für Schwindelfreie. Zudem ist die Brücke inzwischen häufig total überlaufen und man sollte sie in jedem Fall azyklisch besuchen, also möglichst nicht zu den Hochzeiten am Wochenende und der Hauptreisezeit. Je nach Anspruch und Kondition können Sie den Übergang über die hölzerne Brücke an Stahlseilen in einen kurzen Spaziergang oder in einen Tagesausflug einbinden. Beispielsweise mit der 13,9 Kilometer langen Traumschleife „Masdascher Burgherrenweg" – im Jahr 2018 Deutschlands schönster Wanderweg – oder der 6,4 Kilometer Premiumwanderung Geierlayschleife durchs Bachtal. Diese startet beim Besucherzentrum in Mörsdorf und führt über die Hängebrücke sowie einen Teilabschnitt des Saar-Hunsrück-Steigs wieder zurück ins Dorf. Die kleinere Variante des Wanderweges umfasst nur 3,6 Kilometer.

Die Hängeseilbrücke hat seit ihrer Eröffnung schon Tausende von Füßen getragen. Die 300-Seelen-Gemeinde hat anfänglich unter den Besucherströmen gelitten und vor allem den zugeparkten Ort nur schwer ertragen. Aber man ist mit der Zeit gegangen und bietet inzwischen auch einen interaktiven Rundgang durch das 900 Jahre alte Dorf an. Mit einem Mobiltelefon können Interessierte mittels 20 im Dorf verteilten QR-Codes interessantes zu Tradition und Gegenwart erfahren (*moersdorf-hunsrueck.de*). Der Lageplan zum interaktiven Rundgang wird zusammen mit einem Kopfhörer für zwei Euro am Infopunkt neben dem Besucherzentrum oder unter *geierlay-shop.de* verkauft.

Info

Lage: 56290 Mörsdorf

Anfahrt: von der B327 in Kastellaun auf die L204, am Besucherzentrum in der Hauptstraße parken und von dort den Hinweisschildern zur Brücke folgen – oder die 17 Kilometer von Kastellaun nach Mörsdorf wandern.

Aktivitäten:

- Neben den eigenständigen Entdeckertouren gibt es auch geführte Touren zu Themen wie Hexenzauber, Wildkräutern und Halloween. Buchbar bei der Tourismuszentrale Kastellaun, Markstraße 16, 56288 Kastellaun, Tel. 067 62 401 689, *touristinfo@kastellaun.de*
- Ganz neu ist auch der Geierlay-Radrundweg, 35 Kilometer von Kastellaun aus. Über die Brücke kann das Rad einfach geschoben werden.

Unterkünfte:

- BurgStadt CampingPark: elf Kilometer von der Hängebrücke entfernt, im Zentrum von Kastellaun. Von hier ist man mit dem Auto in 15 Minuten bei der Brücke.
- Im Ort selbst gibt es zahlreiche Unterkünfte

Websites:

- *moersdorf-hunsrueck.de*
- *geierlay.de*

HINWEIS: Da die Brücke vor allem an den Wochenenden oft überlaufen ist, kann man sich über das aktuelle Besucheraufkommen an der Brücke (Parkplatz) hier informieren: *geierlay.de/besucherzentrum/webcam-parkplatz-besucherzentrum*

42 Sponheimer Burg in Kastellaun

VON WEGEN „BURGFRÄULEIN"

Im Jahr 1300 ehelicht die 15-jährige Elisabeth von Valkenburg den regierenden Grafen Simon II. von Sponheim. Der Ort Kastellaun wird zur Residenz erhoben, erhält Marktrecht, Stadtrecht und eine Kirche und erlebt seine erste Blütezeit. 1321 belagert der für seine expansive Machtpolitik bekannte Erzbischof Balduin von Trier die Stadt und droht mit Brand und Verwüstung.

Die Burgruine Kastellaun: Sitz der Sponheimer

Wir verkürzen das Drama: Elisabeth rettet ihre Burg (und die ganze) Stadt durch ihre mutige Vorsprache beim Erzbischof und durch ihr Flehen um Erbarmen. Viele Zugeständnisse müssen die Sponheimer allerdings machen, damit sie ihre Burg zum Lehen zurückbekommen. Als Kontrollburg baut Balduin ihnen die Burg Balduinseck im Tale bei Buch direkt vor die Nase.

Noch heute ist das mittelalterliche Flair im alten Zentrum von Kastellaun zu spüren. Einige schön renovierte Fachwerkhäuser und Reste der Stadtmauer laden zum Spazieren ein. Mittendrin erhebt sich die alte, gut instand gesetzte Ruine der Sponheimer Burg auf einem steilen Felsen. Die Burg gehörte einst den Grafen von Sponheim, die bereits 1444 ausstarben. Danach erlebte sie eine wechselvolle Geschichte, wurde unbedeutend, fiel in einen Dornröschenschlaf. Unter dem französischen Sonnenkönig Ludwig XIV. wurde sie im Pfälzischen Erbfolgekrieg 1689 zu großen Teilen gesprengt. Im Jahr 1884 erwarb die Stadt die Burgruine

Ruine Burg Kastellaun

und veranlasste eine erste Restaurierung. Als der Burgberg abzurutschen drohte, wurde Anfang der 1990er-Jahre die Ruine gesichert und saniert, und so streckt die Burg ihre Mauern auch heute noch trutzig gen Himmel.

Die Oberburg ist in wesentlichen Teilen noch erhalten. Die Unterburg wurde auf den alten Grundmauern neu aufgebaut und beherbergt ein Restaurant und das Haus der Geschichte.

Bei einem Rundgang der Filia-Gruppe durch die Ruinen erfahren Interessierte allerlei Wissenswertes über das Sponheimer Adelsgeschlecht und das Leben der Frauen zu jener Zeit. „Filia" ist lateinisch und heißt übersetzt Tochter. Im Hunsrück hält der

Im historischem Gewand als Elisabeth ...

Verein das Andenken an berühmte Frauen aus der Region wach. Interessierte sind eingeladen, die jeweiligen Frauengeschichten aus den unterschiedlichen Epochen anschaulich in Szene gesetzt

Im Lavendel-Labyrinth in sieben Runden zur Meditation

zu erleben. Individuelle Führungen kleinerer Gruppen sind auf Anfrage möglich.

Nicht entgehen lassen sollten Sie sich, wenn Sie durch das malerischen Kastellaun schlendern, einen Abstecher zum Lavendel-Labyrinth zur Blütezeit im Juli. Gut zu erreichen bei einem Spaziergang über die Burg am Ende des Hasentals – den Duft tief einatmen und entspannen!

Info

Lage: Burg Kastellaun, 56288 Kastellaun

Anreise: über die Hunsrückhöhenstraße B327

Aktivitäten:

- Führungen mit den Filia-Gästeführerinnen: *regionalgeschichte.net/hunsrueck/aktive-in-der-region/filia-frauengeschichte.html* und *filia-nikolai.jimdofree.com*
- Das sehenswerte Lavendel-Labyrinth aus 1200 Lavendelstauden angelegt in klassischer Geometrie und gestaltet nach dem Vorbild von Ravenna mit einem Durchmesser von 21 Metern hat eine Weglänge von 293 Metern, die mit sieben Umgängen für echte Mediation sorgen; Zufahrt über Bucher Straße, 56288 Kastellaun, *lavendel-labyrinth.de*

Unterkunft:

- Landgasthof & Hotel Altes Stadttor: Marktstraße 4a, 56288 Kastellaun, Tel. 06762 93130, *info@altesstadttor.de*, *altesstadttor.de*

Website: *kastellaun.de/burg*

HINWEIS: Die Burg Kastellaun ist Teil der Etappe 21 des Saar-Hunsrück-Steigs. Zudem gehört die Sponheimer Burg zu den Bauwerken, deren Vergangenheit durch die ARGO-App erlebbar wird.

43 Friedensacker und Raketenkuh in Bell

FÜR DEN WELTFRIEDEN

Auch auf den Wiesen und Feldern des Hunsrücks regte sich der Widerstand – die „Beller Raketenkuh" und der einstige Friedensacker zeugen noch heute davon. Im Oktober 1986 ist im Hunsrück der Höhepunkt erreicht. Eine Demo mit fast 200.000 Menschen auf dem Beller Markt an der Hunsrückhöhenstraße – so viele waren noch nie nach Hasselbach, südlich von Kastellaun, gekommen, um gegen die Stationierung der Marschflugkörper (Cruise-Missiles-Raketen) zu demonstrieren. Prominente Wissenschaftler und Künstler wie Robert Jungk, Udo Lindenberg oder Hannes Wader unterstützten die Protestaktionen. Pünktlich zur Großdemo hatte die Wandmalgruppe Düsseldorf die Beller Raketenkuh gestaltet – ein riesiges Wandbild mit einer Kuh, die eine Rakete auf die Hörner nimmt und eine andere zertrampelt. Zusammen mit den anderen künstlerisch gestalteten Außenseiten der Scheune der Familie Kneip symbolisieren die Darstellungen noch heute den Zorn vieler Hunsrücker über die Stationierung von Atomwaffen in ihrer Heimat.

Immer wenn auf der Hunsrückhöhenstraße bei Bell die alte Scheune mit der Raketenkuh ins Blickfeld kommt, freue ich mich, dass sie noch da ist. Die Bilder der bewegenden 1980er-Jahre tauchen in meinem Kopf auf. Es war die Zeit der Friedensdemonstrationen und Menschenketten gegen den NATO-Doppelbeschluss, die Ostermärsche erlebten Rekordbeteiligungen.

Die Kuhscheune

Wenige Wochen nach der Demo riskierten mehr als 100 Blockierer zusammen mit Politprominenz wie Petra Kelly und Gert Bastian medienwirksam bei einer Sitzblockade vor den Zugangstoren eine Strafverfolgung.

Auf dem nahe gelegenen Acker beim Bahnhof Bell wurden 96 Kreuze aufgestellt – jedes einzelne stand für eine der 96 Cruise-Missiles-Raketen, die bis Anfang der 1990er-Jahre im nahe gelegenen „Pydna" zwischen Bell und Hasselbach stationiert waren.

Von alledem ist nach dem Abzug von Truppen und Raketen heute noch das markante Wandbild auf der Scheune geblieben und drei Friedenskreuze – aber man muss die Augen gegenüber dem Tierpark Bell schon genau aufhalten, um sie inmitten von ein paar Bäumen zu entdecken.

Info

Lage: 56288 Bell

Anreise: Zur Scheune mit der „Raketenkuh" gelangen Sie von der Hunsrückhöhenstraße (B327) über den Kreisel, an der Abfahrt Bell, auf der L204, unübersehbar am Ortseingang. Die drei Friedenskreuze stehen an der B327, wenn Sie von Kastellaun kommen, kurz nach dem Bahnhof Bell, links unter ein paar Bäumchen.

44 Tier-Erlebnispark in Bell

HUSKYTOUREN UND VEGETARISCHES RESTAURANT

Der Tier- und Erlebnispark in Bell hat sich in den vergangenen Jahren gewaltig gemausert, um es in der Vogelsprache auszudrücken. Zu meinen Kinderzeiten war es ein zauberhafter Tier- und Märchenpark, aber am Ende etwas heruntergekommen. Heute erinnert nicht mehr viel daran.

Ein sibirischer Tiger

Seit April 2015 gestalten zwei Ehepaare als Familienunternehmen die Projekte und Attraktionen des acht Hektar großen Areals. Ausgeglichene und glückliche Tiere sowie Besucher, die der Natur wieder etwas näher kommen – das ist ihr Ziel für die Neuausrichtung des Parks.

Von den einstigen Märchenmotivhäuschen ist nur noch eines mit den Sieben Geißlein zu bewundern – ich entdecke es auf dem Weg zu den Huskys wieder. Lautstark schallen heute die Schreie und Rufe der Papageien und Kattas über das Gelände. Überrascht werde ich dagegen von einem der sibirischen Tiger. Keine zwei Meter von mir entfernt, streift er lautlos durch sein Gehege. Nach einem kurzen Moment des Staunens gelingt mir ein Schnappschuss durch den Maschendrahtzaun.

Fast alle Tiere stammen aus zweiter Hand, „somit sind die Namen beispielsweise für die Huskys nur selten selbst ausgesucht“, erklärt Alexandra Taetz, eine der vier Teilhaberinnen. Sie kümmert sich vor allem um die Siberian Huskys und leitet die Husky-Erlebnistouren. So wie die Huskys freuen sich auch die Kattas über Besuch in ihrem begehbaren Gehege – natürlich nur in Begleitung.

Ihr Mann Remo Müller ist vor allem bei den Raubtieren im Einsatz. Die sibirischen Tiger brachte er bereits aus der Schweiz mit in den Hunsrück. Die Trainingseinheiten mit den imposanten Großkatzen und den frei fliegenden Papageien und Greifvögeln bieten Mensch und Tier spannende Unterhaltung.

Büffel

Die Tiere leben in großen Gehegen und werden liebevoll gehegt, gepflegt und sinnvoll beschäftigt. Regelmäßige Tiertrainings vor Publikum bieten allen Besucherinnen und Besuchern die Möglichkeit, viel Wissen über die Tiere und die Natur mitzunehmen.

Die Huskys sind heiß auf den Schlittenlauf.

Ein ganz besonderes Erlebnis bieten die angebotenen Huskytouren mit dem Huskyquad. Zuerst erlernen Sie dabei den Umgang mit den Huskys, danach bereitet Ihr Guide Sie auf die Fahrt mit dem Huskyquad vor. Sie helfen mit beim Vorbereiten und Einspannen der Huskys und gehen auf eine etwa fünf Kilometer lange Tour. Zurück im Huskygehege dürfen Sie beim Füttern der Huskys dabei sein.

Für die Teilnahme an den Huskytouren gelten besondere Voraussetzungen wie eine gute körperliche Fitness, da jeder Gast zum Beispiel in der Lage sein muss, bei steilen Anstiegen auch selbst einen Berg hinaufzulaufen. Zu schwere Lasten dürfen die

Huskys nicht ziehen – über 100 Kilogramm Körpergewicht gelten daher ebenfalls als Ausschlusskriterium, um Huskys und Quad nicht zu stark zu belasten. Auch auf angemessene wetterfeste und robuste Kleidung sowie gutes Schuhwerk ist zu achten. Die Kleidung kann bei den Touren durch Matsch verschmutzt werden – Letzteres gilt übrigens auch für das Spielen auf dem kleinen Spielplatz neben den Bauernhoftieren – Naturgenuss und tierische Erlebnisse, eben mit allem Drum und Dran.

Info

Lage: Tier-Erlebnispark Bell, Am Markt 1, 56288 Bell

Anreise: von der Hunsrückhöhenstraße (B327) auf der Höhe des (ehemaligen) Beller Bahnhofs geht es von Kastellaun kommend rechts ab. Oder Sie nehmen den Rheinhunsrückbus (rhb) ab Kastellaun.

Öffnungszeiten: Mittwoch bis Sonntag und an Feiertagen 10 bis 18 Uhr; Tel. 06762 80 35, *info@tier-erlebnisparkbell.de*

Eintritt: Erwachsene 8,50 EUR; Kinder und Jugendliche (3 bis 15 Jahre) 6,50 EUR

Aktivitäten:
- Huskytouren: 89 EUR pro Person; zu der etwa zweistündigen Huskytour können Sie auch ein Frühstück oder Mittagessen im vegetarischen Restaurant hinzubuchen; *tier-erlebnisparkbell.de/huskytouren*
- Sehr angesagt sind die Dinner-Varietées: hochwertiges 4-Gänge-Menü mit kulturellem Angebot; 79 EUR pro Person; *tier-erlebnisparkbell.de/sommervariete*

Unterkunft:
- Ferienwohnung „Fünf Jahreszeiten": Zum Brandweiher 7, 56288 Bell, *fewo-fuenfjahreszeiten.de/Ausflugstipps*

Website: *tier-erlebnisparkbell.de*

45 Die Gödenrother Gärten

EINE SINNLICHE OASE IM INDUSTRIEGEBIET

Reist man im Sommer über den Hunsrück, fallen einem sofort die vielen Felder mit der lilafarbenen Phacelia (Bienenweide) ins Auge. Bewusst werden die Bodenverbesserer seit einiger Zeit als Gründüngung und als Insektenparadies im Hunsrück angebaut.

Eine moderne Interpretation des klassischen Klostergartens

Seit dem Ackerrandstreifenprogramm sind verstärkt auch flächendeckend Beikräuter wie Klatschmohn im Weizen und Kornblumen in der Gerste zu bestaunen. Es gibt auch viele schöne Orchideenwiesen im Hunsrück. Für Pflanzenfans gibt es jetzt aber auch die Gödenrother Gärten.

Egal, ob Sie von der längeren Anreise in den Hunsrück auf der Höhe Kastellaun in atmosphärischer Umgebung kurz verschnaufen wollen oder einen Kurzausflug planen, die themenbezogenen Gärten in Gödenroth bieten für jeden das Richtige. Vor zwei Jahren ließ das benachbarte Unternehmen, das Kräuter zur Tierernährung produziert, die kunstvollen wie ökologisch wertvollen Beete anlegen. Auch wenn das 18.000 Quadratmeter große Gelände hier und da noch Baustellencharakter aufweist, bietet das bereits fertig gestaltete Areal eine wunderbare Symbiose aus Kunst und Natur.

Im Einklang mit Kunstobjekten von Künstlerinnen und Künstlern der Region sind hier ein Steppenbeet, dort ein Teich mit plätscherndem Bachlauf, ein Heide- sowie ein Permakulturgarten gestaltet. Jeder Bereich hat seine ganz besondere Faszination und lädt zum Verweilen ein, beispielsweise auf einer der Bänke unter der Rundpergola. „Ziel des Gartens ist es, das besondere Heilpflanzenwissen, das wir bei PerNaturam in über 30 Jahren gesammelt haben, zu bewahren, weiter zu mehren, zu teilen und weiterzugeben", erklärt Geschäftsführer Manfred Hessel. Außergewöhnlich ist hierbei die Ausrichtung der heimischen Heilpflanzenbeete mit ihrer sinnlichen Wirkung auf Mensch und Tier.

Meditative Stimmung am Teichgarten

Galgant und Thymian im Hildegard-Beet

Neben den monatlichen Gartenführungen gibt es die Möglichkeit in verschiedenen Workshops und Seminaren dieses Wissen zu vertiefen: angefangen vom Balkonkästen gestalten, zu Blütenessenzen und Naturkosmetik, über naturnahes Gärtnern und zu Heilkräutern. Eine Rabatte im Garten wurde zu Ehren von Hildegard von Bingen angelegt. Alle Jahre wieder um ihren Todestag am 17. September 1179 gedenken sie hier der vielseitig talentierten Klosterfrau und Prophetin mit ihren wunderschönen Kompositionen.

Ansonsten: Nehmen Sie sich einfach etwas mehr Zeit, wenn Sie den Hunsrück bereisen, um hier und da einfach stoppen zu können und die grandiose Landschaft zu genießen. Nutzen Sie Ihre ausgedehnten Wanderungen oder Spaziergänge, um sich aufmerksam umschauen und seltene und schützenswerte Pflanzen wie Orchideen und Schlüsselblumen zu entdecken.

Info

Lage: An der Trift 8, 56290 Gödenroth

Anreise: Auf der Hunsrückhöhenstraße (B327) kurz vor oder hinter Kastellaun Richtung Gödenroth den braunen Hinweisschildern Gödenrother Gärten bis zum Firmengelände der inhabergeführten Manufaktur PerNaturam GmbH folgen.

Aktivitäten:

- Jeden ersten Mittwoch im Monat findet um 17 Uhr eine Führung durch den Kräutergarten statt. Sie können aber auch einfach über das offen und barrierefrei zugängige Gelände schlendern und Platz nehmen, wo es Ihnen gefällt, oder auch eine Führung buchen; Tel. 06762 963620, Ansprechpartner Manfred Hessel, *info@pernaturam.de* oder *events@pernaturam.de*, *pernaturam.de*

Website: *goedenrother-gaerten.de/goedenroth*

46 Der Ausoniusweg

VON DEN RÖMERN ERFUNDEN

Viele Verbindungsstraßen im Hunsrück sind sehr alt und reichen teils bis in die Antike zurück. Sogar die heutige Hunsrückhöhenstraße, die B 327, verläuft auf der ehemaligen Trasse einer römischen Militärstraße.

Die einstige Römerstraße ist heute ein einfacher Feldweg.

So auch die Route, auf der schon Ausonius 368/369 n. Chr. von Bingen am Rhein auf römischen Straßen über den Hunsrück bis nach Trier an der Mosel reiste. Ausonius war ein römischer Beamter, Dichter, Gelehrter, der von 367 bis 388 als Erzieher des Kaisers Gratian in Trier – der ältesten Stadt Deutschlands – lebte. Seine Reiseeindrücke bei der Kutschfahrt über holprige Wege schrieb er 371 im lateinischen Werk „Mosella" (lateinisch für Mosel) nieder. Bis heute gilt es als die älteste Reisebeschreibung einer deutschen Landschaft.

Später sollen ihr die Jakobspilger auf ihrer Reise nach Santiago de Compostela in Spanien gefolgt sein. Seit dem 11. Jahrhundert ist belegt, dass die ehemalige Römerstraße auch als Pilgerweg genutzt wurde. Kennzeichnend ist der schnurgerade, römische Straßenbau – nicht immer bequem für Mensch und Ross. Teilweise waren die Straßen sogar zweispurig ausgebaut. Der Aufbau war immer gleich, unterschiedlich waren nur die jeweiligen Baumaterialien. Später machten gepflasterte Straßen es erstmals möglich große Truppen schnell von A nach B zu schicken. Im Gegensatz zu den einfachen Naturwegen der Germanen und Kelten bedeutete das einen entscheidenden Vorteil.

All diejenigen, die gern auf den Spuren der Römer wandeln wollen, können heute auf dem Ausoniusweg in sechs Tagesetappen von Bingen nach Trier wandern – oder eben Teilstücke auswählen. Im Hunsrück wandern Sie durch schattige Wälder und satte Wiesen mit weitreichenden Ausblicken. Teilstücke der Originaltrasse gibt es bei Kirchberg und Horbruch zu erwandern. Oberhalb des Ortes

Legionäre auf dem Ausoniusweg

Tafel zum Ausoniusweg

Dill ist ein Teilstück der Römerstraße rekonstruiert worden, um das Gehen auf groben Steinen nachempfinden zu können. Auch der römische Wachtturm unmittelbar daneben ist eine Rekonstruktion und bietet einen großartigen Rundblick über den Hunsrück.

Bleibt man auf der ausgeschilderten Strecke des insgesamt 120 Kilometer langen Ausoniusweges, bieten zehn Informationstafeln Interessantes und Lehrreiches zur Römerzeit und aus dem Leben des Ausonius. Eine Teilstrecke gibt es auch kurz hinter dem Kreisel von Sohren nach Laufersweiler zu entdecken. Leider ist die Einfahrt dahin erklärungsbedürftig, da nicht ausgeschildert. Aber wenn Sie ab dem Kreisel mit wachen Augen Richtung Laufersweiler fahren, entdecken Sie den einfachen, geschotterten Feldweg schon nach wenigen Hundert Metern und sehen auch die entsprechenden Schilder am Anfang des Waldweges.

2013 wurde in Anlehnung an die Jakobspilger auf der Trasse des heutigen Ausoniusweges der „Hunsrücker Jakobsweg" eröffnet, sichtbar durch die Ausschilderung der Strecke mit der Jakobsmuschel. Parallel dazu leitet die weiterhin bestehende Wanderbeschilderung des Ausoniusweges die Pilger vom Rhein über den Hunsrück nach Trier.

Info

Ferienorte auf dem Ausoniusweg: Morbach, Erbeskopf und Kirchberg

Aktivitäten: kleine Auwahl von insgesamt hundert Stationen römischer Zeugnisse:

- Römische Spiele (Nachbau) an der Ausoniushütte, Dill
- Exponate im Archäologiepark Belginum und gallo-römischer Umgangstempel, Morbach-Wederath
- Jupitergigantensäule, Stipshausen
- Römischer Viergötterstein, Hottenbach

Unterkunft:

- Gretenhof: Familienurlaub auf dem Bauernhof. Der Hofladen ist samstags von 8:30 bis 14:30 Uhr geöffnet; 55487 Sohren, Tel. 06543 2648, *s.wuellenweber@gretenhof.de*, *gretenhof.de*

Websites:

- *hunsruecktouristik.de/reisethemen/wandern/wanderwege/fernwanderwege/ausoniusweg*
- *wanderkompass.de/Deutschland/Ausoniusweg.html*
- *tourenplaner-rheinland-pfalz.de/de/tour/wanderung/ausoniusweg-bingen-trier/1542520*

47 Agrarhistorisches Museum in Emmelshausen

REISE IN DIE VERGANGENHEIT

Zur Einstimmung auf Land und Leute empfiehlt sich eine Zeitreise in die agrarhistorische Vergangenheit der Region. Noch bis vor wenigen Jahrzehnten lebten die Hunsrücker vor allem von Ackerbau und Viehzucht.

Wie die Menschen ihren beschwerlichen Alltag meisterten, ist in einem wiederaufgebauten Hunsrücker Fachwerkhaus von 1660 und in der Museumsscheune im agrarhistorischen Museum anschaulich dargestellt.

Früher war das Dreschen noch Handarbeit.

Die landwirtschaftliche Handgerätesammlung ist einzigartig in Europa: unzählige Schaufeln und Spaten für fast jeden Einsatzbereich bis hin zu den historischen und teilweise sehr speziellen Gerätschaften zum Säen, Düngen und Ernten. Ein besonderes Exponat ist die Linkshändersense, die nach dem Zweiten Weltkrieg erfunden wurde. Bei einem Rundgang durch das Bauernhaus von 1660 erfahren Sie viel Wissenswertes über die kulturhistorischen Arbeitsgeräte in Haus, Hof und Stall.

Stolz auf den ersten Mähdrescher

Dass der Stall direkt neben dem Haus lag, hatte nicht nur den Vorteil von kurzen Wegen für die Versorgung der Tiere, sondern auch ganz pragmatische Gründe: Die Wärme aus den Ställen sorgte auch für warme Wohnbereiche. Die unvermeidlichen Fliegen am Esstisch mussten dafür geduldet werden.

Das Bauernhaus stammte ursprünglich aus dem Ort Buchholz im Hunsrück und wurde 1978 als Kern des Museums in Emmels-

Wie aus dem Familienalbum: beim Melken

hausen detailgetreu wieder aufgebaut. Im Innenbereich lassen sich die Lebensgewohnheiten der Menschen der damaligen Zeit nacherleben – ob in der „guten Stube", der Küche, der Spinnstube unterm Dach oder weiteren Wohnbereichen wie den Schlafzimmern. Neben klassischen Arbeiten wie dem Kuhmelken oder der Hausschlachtung sind auch traditionelle Handwerke wie Besenbinden, Korbflechten oder das Schustern anschaulich dargestellt. Weitere klassische Gewerke aus einem Hunsrückdorf sind die Stellmacherei, die Dorfbackstube („Backes") und die Schmiede.

Waschtag mit Wanne und Waschbrett

Zu besonderen Anlässen erwecken die Ehrenamtlichen des Museumsvereins die funktionsfähigen, einsatzbereiten Ausstellungsstücke zum Leben, und in der Schmiede kann man sich nach dem Motto „Schmiede dein Glück" auch trauen lassen.

„Einer der ausgestellten Leiterwagen auf dem Hofgelände hat sogar bei den Dreharbeiten zum Film ‚Die anderen Heimat' mitgewirkt", erzählt der Vorsitzende des Fördervereins Manfred Adams ein bisschen stolz. Es war die legendäre Schlussszene, in der der große Treck der Auswanderer einer ungewissen Zukunft entgegenfährt.

Info

Lage: Agrarhistorisches Museum Emmelshausen e. V., Rhein-Mosel-Straße 9-11, 56281 Emmelshausen

Anreise: über die Hunsrückhöhenstraße (B327) oder die A61 Abfahrt Emmelshausen ins Zentrum, dort ist es gut ausgeschildert.

Öffnungszeiten: 1. Mai bis Mitte Oktober Sonntag und Feiertag vom von 14 bis 17 Uhr, Ansprechpartner Manfred Adams, Vorsitzender des Fördervereins, Tel. 06747 598855

Eintritt: Erwachsene und Kinder (über 6 Jahre) 3 EUR

Website: *agrar-museum.de*

48 Die Hunsrückbahn

DAS STEILSTRECKENERLEBNIS

Die Züge fahren einspurig auf dem 8,5 Kilometer langen Steilstreckenabschnitt zwischen Boppard und Emmelshausen immer hin und her – oder rauf und runter. Besonders beeindruckend ist die Tour durch die Fahrt über zwei eindrucksvolle Viadukte und durch fünf Tunnel. Auf dem sich durch die Landschaft schlängelnden Gleis überwindet die Bahn dabei einen Höhenunterschied von 336 Metern. Das ist für eine Eisenbahn ein eindrucksvoller Steigungsgrad von sechs Prozent. Während die moderne Bahn die steile Strecke überwindet, genießen die Fahrgäste den Blick auf die atemberaubende Landschaft des Mittelrheintals und des Hunsrücks.

Endstation Emmelshausen. Wenn das Signal für „Bitte alle aussteigen" ertönt, hat die Hunsrückbahn wieder einmal die steilste und mit einem regelmäßigen Fahrplan betriebene Strecke Deutschlands zurückgelegt.

Eröffnet im August 1908, war der Bau für die damalige Zeit ein schweres Stück Arbeit – nicht nur auf der Steilstrecke zwischen Boppard und Buchholz. Vor allem die Trassenführung durch den Vorderhunsrück stellte hohe Ansprüche an die Technik und die Menschen, die daran mitarbeiteten.

Im Sommer 2008 wurde die Strecke aufwendig saniert, sodass die Bahn heute die Vergangenheit mit dem technischen Knowhow der Moderne verbindet.

Über das Hubertusviadukt

Sie können sich die Strecke nach dem Motto „Hoch hinaus, bequem bergab" auch erwandern. Der Hunsrückbahnwanderweg beginnt direkt am Bahnhof Emmelshausen und verläuft gut ausgeschildert über Boppard-Buchholz bis zum Hauptbahnhof Boppard. Auf der 16 Kilometer langen, etwa 4,5-stündigen Tour laufen Sie stets in der Nähe der Hunsrückbahn und genießen immer wieder den Ausblick auf Schluchten, Tunnel oder Viadukte.

Besonders schön ist der Blick auf das Hubertusviadukt, das in einer Kurve über die Hubertusschlucht führt und so besonders elegant wirkt. Von unten betrachtet hat das Bauwerk sechs Öffnungen auf einer Länge von 150 Metern bei einer Höhe von 50 Metern. Zum Zeitpunkt seiner Erbauung war es eine der höchsten Steinbogenbrücken Deutschlands. Errichtet wurde das Bauwerk aus bossierten Rotsandsteinquadern aus der Neckargegend. Die Unterseiten der Bögen sind mit Backstein verblendet.

Die Hunsrückbahn am Bahnhof Emmelshausen

Wenn Sie die Bahnstrecke queren, laufen Sie etwa einen Kilometer des Weges auch auf der alten Hunsrückhöhenstraße – bemerkenswert, wie wenig Platz die alten Straßen früher beanspruchten. An einzelnen Aussichtspunkten finden Sie auf Infotafeln die Fahrplanzeiten, an denen die Hunsrückbahn vorbeifährt. So können Sie den idealen Zeitpunkt für einen Schnappschuss zur Erinnerung abpassen.

Auf der Strecke Richtung Boppard

Info

Lage: Hunsrückbahn-Museum: Bahnhofstraße 5, 56281 Emmelshausen

Öffnungszeiten: Mai bis Oktober Sonntag und Feiertag von 9:30 bis 12:30 Uhr; *info@hunsrueckbahnmuseum.de*

Eintritt: Erwachsene 2 EUR, Kinder (bis 16 Jahre) frei

Websites:

- *hunsrueckbahnmuseum.de*
- *hunsruecktouristik.de*
- *rhein-mosel-dreieck.de*

HINWEISE:

- Wegen der besseren Parkmöglichkeiten besteigen Sie die Hunsrückbahn (RB 93) am besten am Bahnhof in Emmelshausen und fahren Richtung Boppard. Dort haben Sie Anschlüsse an die Mittelrheinbahn und den Regionalexpress Richtung Koblenz und Köln beziehungsweise Bingen, Mainz und Frankfurt. Die Hunsrückbahn liegt im Verkehrsverbund Rhein-Mosel und kann mit den Verbundfahrscheinen genutzt werden. Auch das Rheinland-Pfalz-Ticket wird anerkannt.
- Der Zug pendelt bis auf wenige Ausnahmen im Stundentakt und hält direkt vor dem Hunsrückbahn-Museum.
- Die wichtigsten Buslinien halten direkt am Bahnhof Emmelshausen: Linie 610 (Schnellbus Koblenz – Emmelshausen – Flughafen Hahn) und Linie 620 (Regiobus Koblenz – Emmelshausen – Simmern). Das Busangebot in der Region zwischen Simmern, Kirchberg und Büchenbeuren wurde kürzlich erweitert; *vrminfo.de*
- Der 38 Kilometer lange Abschnitt zwischen Emmelshausen und Simmern wurde zurückgebaut. Heute verläuft auf dieser Trasse der Schinderhannes-Radweg (siehe Tipp 49, Seite 234). Optimal zu kombinieren.

49 Der Schinderhannes-Radweg

DEN 50. BREITENGRAD QUEREN

So weit verzweigt das Wanderwegenetz ist, so gut ist auch das Radwegenetz im Hunsrück ausgebaut. Besonders der Schinderhannes-Radweg auf der ehemaligen Bahntrasse der Hunsrückbahn von Emmelshausen über Kastellaun nach Simmern gilt als Panoramaroute über den Hunsrück.

Blick auf die Burgstadt Kastellaun vom Radweg aus

Emmelshausen ist ein beschauliches Städtchen mit einem schönen Park, einer großen Veranstaltungshalle (ZAP) und einer kleinen Musikbühne am Teich. Der Schinderhannes-Radweg startet direkt hinter dem Zentrum im Park (ZAP), wo auch die Tourist-Info sitzt. Nebenan laden ein Biergarten unter Kastanien, ein italienisches Restaurant und ein Kinderspielplatz zum Planen der Route oder einfach zum Verweilen ein.

Eigentlich wäre die ehemalige Bahntrasse auch optimal für eine Draisine geeignet gewesen. Aber die Gleise wurden zurückgebaut, und nun freuen sich seit der Freigabe 1999 Radfahrer, Skater und Spaziergänger an der Strecke. Dank der Ingenieurskunst der Bahnbauer erfahren sie auf den 38 Kilometern eine nahezu ebene Strecke.

Der Weg ist vollständig asphaltiert und in beide Richtungen durchgängig beschildert. Einfach auf das schwarz-weiße Logo achten, das den namensgebenden Räuberhauptmann mit einer Pistole zielend zeigt, und Sie können Ihr Ziel nicht verfehlen.

Radweg mit Waggon und Wasserturm

Wenn Sie den Startpunkt in Emmelshausen gewählt haben, windet sich die Strecke in Schleifen über die Hunsrückhöhen und Sie genießen herb-anmutige Panoramen wie aus einem Bilderbuch. Auch in den Städtchen, die am Wegesrand liegen, gibt es viel zu sehen wie beispielsweise in Kastellaun. Nahe dem Beller Bahnhof wurde in einem Hügelgräberfeld ein gut erhaltenes eisenzeitliches Wagengrab aus der Zeit 500 v. Chr. entdeckt, hier können Sie die ARGO-App testen. In unmittelbarer Nähe zum Radweg befand sich auch das Manganerzbergwerk Ilse. Die Stollen sind stillgelegt, aber die Abraumhalden sind noch zu sehen. In Hasselbach beherbergt das alte Schulhaus ein Puppen- und Spielzeug-Museum, und im malerischen Neuerkirch locken ein kulturhistorisches Museum und eine Kunstscheune.

Abgesehen von dem etwa 1,5 Kilometer langen Anstieg (oder eben Abstieg) hinter Kastellaun fällt der Weg bis nach Simmern kontinuierlich leicht talwärts und Sie können sich rollen lassen.

Ziel ist der Schinderhannesturm in Simmern

Auf seinem letzten Stück folgt der Weg den Läufen von Külzbach und Simmerbach nach Simmern hinein. Zwischen Külz und Keidelheim quert der Schinderhannes-Radweg übrigens den 50. Breitengrad, bevor Sie nach Simmern kommen.

Info

Anreise: Emmelshausen erreichen Sie entspannt mit der Hunsrückbahn und dem Bus, mit dem Pkw über die Hunsrückhöhenstraße (B327) ab Koblenz oder über die A61 Abfahrt Emmelshausen.

Unterkunft:

- Wohnmobilstellplatz am ZAP: eröffnet im April 2021; die Plätze können gebucht werden bei Tourist-Info Hunsrück-Mittelrhein Emmelshausen, Zentrum am Park, Tel. 06747 93220, *mail@das-zap.de*, *stadt-emmelshausen.de/news/1/634085/nachrichten/reisemobilstellplatz-am-park-in-emmelshausen.html*

Website: *tourenplaner-rheinland-pfalz.de/de/tour/radtour/schinderhannes-radweg/3381348/#dmdtab=oax-tab3*

50 Vierseenblick über Boppard

KLETTERN, RADELN, WANDERN ODER GONDELN

Heute gibt es mindestens drei Varianten, um den Vierseenblick zu erreichen und zu genießen: Sportlich über den Klettersteig, wandernd oder radfahrend über den alternativen Wanderweg oder bequem im Sessellift gondelnd von Boppard aus. Egal, welche Variante Sie wählen, in jedem Fall werden Sie auf 322 Metern über dem Rhein mit einer wundervollen Aussicht über die „vier Seen" belohnt.

Eigentlich ist es nicht mehr ganz der Hunsrück. Aber man genießt hier einen wunderbaren Blick auf den Rhein, der den Hunsrück im Osten begrenzt. Bereits 1898 wurde der Aussichtspunkt Gedeonseck auf dem Hirschkopf eröffnet, benannt nach dem Dichter „Gedeon von der Heide", der hier gern einkehrte. Der Blick auf den Rhein war einfach zu schön, um allein genossen zu werden.

Der leicht irreführende Name gründet sich auf dem Phänomen, dass je nach gewählter Perspektive vier einzelne Abschnitte des Rheins so zu sehen sind, dass sie wie vier einzelne Seen wirken. Denn der längste Fluss Deutschlands schlängelt sich hier in einer großen Schleife durchs Gelände, wobei die Sicht je nach Standort durch Bergrücken verdeckt wird – die magischen „vier Seen" entstehen.

Bis 1954 kletterten und kraxelten Interessierte aus dem Mühlental den Berg hinauf, um diesen legendären Blick vom Hirschkopf zu erleben. Dann spannte die Firma Hasenclever bei Boppard einen 915 Meter

Einfach wundervoll: der spektakuläre Vierseenblick

langen Zweiersessellift zum Aussichtspunkt. Bei einem Festakt am 26. Mai 1954, an Christi Himmelfahrt, und mit Freifahrten für alle, wurde der Lift eingeweiht und gesegnet. Seither gondeln die Menschen westlich der Weinlage Bopparder Hamm und genießen unterwegs den Blick über Weinberge, Wälder, nackte Felsen und steile Schluchten. Bei der 20-minütigen Fahrt überwindet die Sesselbahn eine Höhendifferenz von 232 Metern. Für diese einzigartige Variante habe ich mich entschieden: In der Ferne erklingen Kirchenglocken, die Grillen zirpen, der Blick auf den Rhein und die Weinberge ist unbeschreiblich und ab und zu staune ich über den Abstand zum Boden – bis zu 28 Meter. Die Fahrt ist definitiv nichts für Menschen mit Höhenangst. Aber auch wenn es schaukelt, möchte ich mit den Wanderern unter mir, die den steilsten Aufstieg direkt unter der Seilbahn gewählt haben und sich den serpentinenartigen Weg hoch schrauben, nicht tauschen.

Noch sportlicher gestaltet sich der „Traumschleife-Klettersteig". Insgesamt elf Kletterpassagen an steilen Felswänden sind zu

Sesselbahn und Ripp

Am Klettersteig

überwinden. Die rund fünf Kilometer lange Tour über Stiege und Treppen ist recht anspruchsvoll und feste Wanderschuhe und eventuell Handschuhe sind unverzichtbar. Darüber hinaus sollten Sie schwindelfrei und trittsicher sein. Für die Tour planen Sie etwa zwei bis drei Stunden – je nach Kondition. Für Kinder und Ungeübte sind eine Klettersteigausrüstung sowie ein Klettersteigführer unabdingbar.

Statt der anstrengenden Wandervariante führen alternative Wege durchs Mühltal beispielsweise über die Jakobshöhe oder den Kyffhäuserpfad.

An der Bergstation angekommen, sind es nur etwa fünf Gehminuten bis zum Restaurant Gedeonseck. Von hier genießt man den Panoramablick auf die Rheinschleife, kann sich unter den schattigen Eichen im Biergarten entspannen und eventuell Gleitschirmfliegern beim Start zusehen. Ein paar Hundert Meter weiter nördlich liegt das Restaurant Vierseenblick direkt neben demselben. Nach weiteren Hundert Metern gilt es einen Mountain-Bike-Park zu entdecken und weitere 600 Meter weiter steht die beeindruckende „Engelseiche". Egal, für welche Aktivitäten rund um den Hirschkopf Sie sich entscheiden, die Vierseenblicktour ist einen Ausflug wert.

Info

Lage: Mühltal 12, 56154 Boppard

Anreise: Der Bopparder Hauptbahnhof ist dem Regionalexpress-Netz angeschlossen und gut über Koblenz, Mainz und Frankfurt zu erreichen. Mit dem Fahrrad oder dem Pkw erreicht man den Aussichtspunkt über eine kleine Straße durch das Mühltal. Start des Wanderweges und des Klettersteigs ist am nördlichen Ortsausgang in Boppard am Parkplatz St.-Remigius-Platz an der L207 /B9. Die Sesselbahn ist bestens ausgeschildert.

Aktivitäten:

- Sesselbahn: April bis Oktober täglich 10 bis 18 Uhr (April nur bis 17 Uhr, Oktober bis 17:30 Uhr), Einzelfahrt Erwachsene 5,50 EUR, Kinder 3,50 EUR, transportiert separat auch Räder; Tel. 06742 2510, *sesselbahn-boppard.de*
- Geführte Klettertour: buchbar bei der Tourist-Information Boppard; Marktplatz (Altes Rathaus), 56154 Boppard, Tel. 06742 3888, *tourist@boppard.de*, *boppard.de*

Restaurants: am Gipfel laden zwei Varianten zur Einkehr:

- Restaurant GedeonsEck: Tel. 06742 2675, *gedeonseck-boppard.de*
- Restaurant Vierseenblick: Tel. 06742 3540

Website: *boppard-tourismus.de/44-0-Klettersteig.html#*

HINWEISE:

- Klettersteigausrüstungen können in der Aral-Tankstelle (B9), Koblenzer Straße 237, 56154 Boppard, Tel. 06742 2447, für 8 EUR Gebühr ausgeliehen werden.
- Nur für Menschen, die es lieben, Türme zu besteigen, lohnt sich der Aufstieg der sieben Etagen à 16 Stufen zum angeblichen Fünfseenblick. Aber entweder sind bei See Nr. 5 die Bäume unerwartet hoch gewachsen oder eine weitere Etage wurde schlicht vergessen – denn von dieser Höhe gibt es nur vier Seen zu sehen.

Das kleine Wörterbuch

Im Nationalpark Hunsrück-Hochwald

Das kleine Wörterbuch

FÜR DEN HUNSRÜCK

Watt homma dann eloh?

Im Hunsrück wird überwiegend Mundart gesprochen. Sicher nicht sehr einfach für Gäste. Zudem variieren durch die historisch und geografisch bedingte kleinteilige Besiedlung die einzelnen Begriffe und Laute beziehungsweise Betonungen von Tal zu Tal, also von Dorf zu Dorf.

Der Hunsrücker Dialekt ist ein sehr harter Tonfall mit weniger Sing-Sang als beispielsweise „Kölsch". Woher kommt dieser derbe Eindruck? Vielleicht liegt es an den vielen „t", doppelten „t"? Das „r" wird gerollt. Zudem verläuft die dat-das-Linie quer über den Hunsrück.

Kurioserweise sprechen seit der großen Auswanderungswelle Anfang und Mitte des 19. Jahrhunderts vornehmlich nach Brasilien in die Gegend von São Leopoldo im Bundesstaat Rio Grande do Sol dort inzwischen Millionen Menschen Riograndeser Hunsrückisch – ein Kauderwelsch aus Portugiesisch und Hunsrücker Mundart. Im Hunsrück sind es nur Zehntausende – Tendenz abnehmend.

Hier ein kleiner Einstieg zur besseren Verständigung.

A

Abbel – Apfel: Willst e Abbel, geh an der Kouh ihr Aasch on rappel!
Äisch – Ich
Ämol – Einmal: ämol ist kämol

B

Baba – Papa

C

Chrisskinnsche – Christkind

D

Dat – Das
Dau – Du

E

Elohey – Hier
Eniewa – Hinüber
Eniewaschlauer – Besserwisser
Ejch – Ich

F

Fikscha – Zöpfe
Fliescher – Flugzeug

G

Gawel – Gabel
Gehaischnis – Wohlgefühl, Geborgenheit, Umsorgt sein, Balsam für die Seele
Genowend (Gemorje, Gemettach, Genacht) – Guten Abend (Guten Morgen, Guten Mittag, Gute Nacht)
Goure – Guten Appetit
Gude – Guten Morgen, Tag, Abend
Geil – Pferde, Gäule

H

Hau – Heu: Beim Fußball bedeutet ein Haumacher einen Schuss ins Aus.
Honn – Haben: Honn orer nithonn es e Onnerschied!
Hiewel – Hügel
Hunsricker – Hunsrücker

I

Inkaf – Einkauf

J

Jäscher – Jäger
Joomerlabbe – Jammerlappen

K

Kaul – Grube
Kinich – König
Kinn – Kinder
Kinnerschees – Kinderwagen (in Schees steckt wohl ein französisches Wort)
Kirb – Feier, Fest, Kirmes
Kirbeäkel – ein Mann, der auf einem Fest auf Kosten anderer trinkt

L

Lunzeln – Noch etwas im Bett liegen bleiben, um langsam wach zu werden

M

Mellich – Milch
Maj – Besuch oder Treffen zum Plaudern in geselliger Atmosphäre
Majepritsch – Frau, die Kontakt sucht

N

Naachd – Nacht
Naachddippsche – Nachttopf

O

Orcherisch – Ungemacht; auch für kalte Luft
Orer – Oder

P

Patt – Onkel
Päife – Pfeifen

Q

Quadier – Quartier
Quädschekouche – Zwetschgenkuchen: Quädschekouche es de Kinich aller Kouche

R

Rän – Regen
Reibeise – Reibeisen und Frau, die alle männlichen Kontakte ablehnt

S

Schaales – Dippekouche: Topfkuchen nach jüdischem Rezept
Schwätze – Sprechen: e Schwätzje halle

Strockel – Blödmann, Beschimpfung männlich, jemand der alles falsch macht

T

Tunkes – Flüssigkeit, Soße

U

Uff – auf
Ubsd – Obst: Mir gehn Fallubsd breche! Heißt: Obst klauen

V

Vaddar – Vater

W

Watt – Was
Wähle – Heidelbeeren: Wähle, Wähle, Heidelbiere, wer will sich det Moul vaschmiere?
Wasserweck – Brötchen

Z

Zäit – Zeit
Zabbe – Zapfen: zabbeduster, sehr dunkel, sehr schlecht

Aussicht vom Erbeskopf

Register

Historische Werkstatt im Edelsteinland

Register

Im Baybachtal

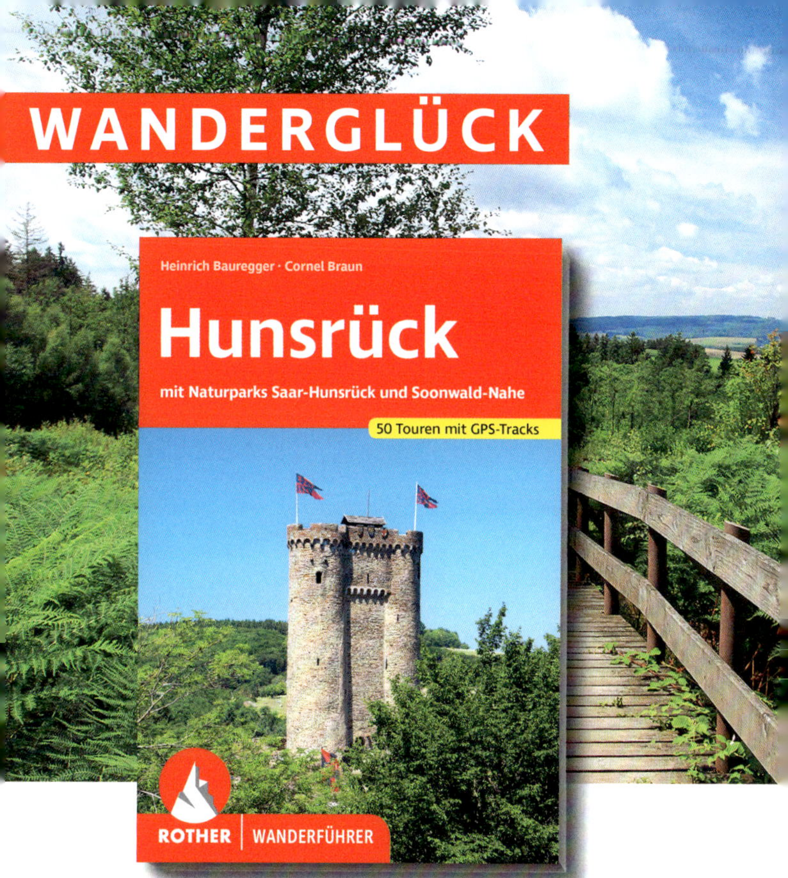
WANDERGLÜCK
Heinrich Bauregger · Cornel Braun
Hunsrück
mit Naturparks Saar-Hunsrück und Soonwald-Nahe
50 Touren mit GPS-Tracks
ROTHER | WANDERFÜHRER

360°

In der Reihe sind bisher erschienen:

Anke Fietzek
ISBN 978-3-96855-075-6

Bernadette Olderdissen
ISBN 978-3-96855-071-8

Stephanie von Aretin
ISBN 978-3-96855-078-7

Cornelia Lohs
ISBN 978-3-96855-076-3

Nadine Taylor
ISBN 978-3-96855-077-0

Bildnachweis:

Alle Bilder von Marina Friedt außer Adobe Cover | Agrarhistorisches Museum Manfred Adams S. 227-229 | Aidexxx cc by-sa 4.0 S. 19, 232u | Alberich21 cc0 S. 15o | Antiquariat Sonnschied Reiner Drumm S. 112u | Awilms cc by-sa 3.0 S. 17o | Bernhard Vogt S. 234 | BundenbachFossilien.de Christoph Leins S. 160 | Café Heimat Morbach S. 119, 120 | Café Heimat Sascha Reitz S. 118 | Caniplace Laura Längsfeld S. 56-59 | Edgar El cc by 3.0 S. 163 | Elke Böck S. 146/147 | Eike Dubois S. 235 | Elle Katie pixabay S. 43 | Flugausstellung Junior S. 52-55 | Förderverein Gedenkstätte KZ Hinzert e.V. Dieter Burgard S. 50u | Filia-Frauengruppe Kastellaun S. 80o | Förderverein Gedenkstätte KZ Hinzert e.V. S. 49-50o | Forst-Mayer-Studien- und Begegnungszentrum Laufersweiler S. 138-140 | Freilichtbühne Mörschied S. 103 | Fritz Schellack Tourist Information Simmern Rheinböllen S. 151, 152, 237 | giggel cc by 3.0 S. 186, 189 | Hansjoerg99 cc by-sa 4.0 S. 65o | Heike Rost Photographie S. 5, Rückseite Umschlag | Hunsrück Touristik GmbH Eike Dubois S. 34, 207, 222, 224o, 245| Immanuel Giel cc by-sa 3.0 S. 131o | Jaqueline Felix Fotografie S. 206, 209o | KBW Fischbach S. 190-192o | kiliweb mittels OpenFoodFacts S. 22 | Kreuzschnabel cc by-sa 3.0 S. 203 | Lucky Lama S. 126-129 | Madinn cc by-sa 3.0 S. 231 | Map4news S. 24, 25, 29, 63, 117, 149, 177, 197 | Maulaff cc by-sa 4.0 S. 131u | Michael Brzoska S. 158, 159 | Naheland Touristik GmbH Moritz Altenberger S. 132o | Nikolai Karaneshev cc by 3.0 S. 164u | nlphh.de Konrad Funk S. 14, 26/27, 30-32, 35o, 35u, 104 | PerNaturam S. 194/195, 218-220 | public domain S. 164 o | Raimond Spekking S. 165 | RitaE pixabay S. 21 | RPT2019 Hunsrück-Schwabs Dominik Ketz S. 36o | Sabine Mauer S. 236 | Shylock1972 cc by-sa 3.0 S. 16u, 122 | Soloneying cc by-sa 4.0 S. 154, 156 | TI Boppard Kai Neunzehn S. 240o | TI Boppard Lothar Röhrig S. 240u | TI Boppard Wilfried Mohr S. 239 | TI Edelsteinland Ann Kristin Quint S. 12 | TI Edelsteinland phormat Eike Dubois S. S. 16o, 60/61, 69, 70-71, 76o, 94, 96, 99 | TI Edelsteinland S. 23, 80, 86, 88, 89, 135o | TI Edelsteinland Susanne Zander S. 98, 100 | TI Edelsteinland Wanderbüro Klaus Peter Kappest S. 95, 132u | TI Kirner Land Gabi Vogt S. 187 | TI Kirner Land phomat E. Dubois S. 174/175 | Tiererlebnispark Bell S. 214-216 | Tourist Info Hermeskeil Eike Dubois 46o, 46u | Tourist Info Hermeskeil Ricarda Ahmetovic S. 44-45 | Tourist Info Hunsrück Mittelrhein S. 226 | Tourist Info Kastellaun S. 208, 213 | Tourist Info Thalfang Daniel Thiel S. 36u, 37 | W.Bulach cc by-sa 4.0 S. 15u | Wanderbüro SH Klaus Peter Kappest S. 11, 38-40, 87, 132 | Willi Heidelbach pixabay S. 202 | WMarshall cc by 4.0 S. 79o | ZoomanSP cc by-sa 3.0 S. 20